PFLEGEKRAFT, DIE

SUBSTANTIV, FEMININ

1. multifunktionales Wesen, das gleichzeitig Ärztin, Psychologin, Hausmeisterin, Dolmetscherin, Animateurin, Bürofachkraft, Detektivin, Mediatorin und Kaffee-Junkie ist.

2. Person, die trotz chronischem Schlafmangel, überfüllten Stationszimmern und Dauer-Klingelterror irgendwie noch ein Lächeln hinkriegt (oder zumindest so tut).

3. mythisches Geschöpf, das laut Stellenbeschreibung „Pflege“ leisten soll, in der Realität aber vor allem Formulare zähmt, Visiten hinterherrennt und den Kampf gegen verschwundene Kugelschreiber führt.

Synonyme: Stations-Heldin, Klingel-Jongleurin, Medikamenten-Magierin, Dokumentations-Opfer, Kaffee-Orakel, Alltags-Akrobatin, Infusionsflüsterin

WILLKOMMEN IM GANZ NORMALEN CHAOS

Dieses Buch ist sarkastisch, ironisch und garantiert nicht als ernstgemeinter Ratgeber gedacht – auch wenn du dich erschreckend oft in den Geschichten wiederfinden wirst. Ob Krankenschwester, Pfleger, Altenpfleger, Kollege im Kasack, Teilzeit-Kaffeejunkie oder Vollzeit-Dokumentationsopfer: Hier bist du genau richtig.

Und ja, manchmal fällt das Wort „Krankenhaus". Aber gemeint ist das gesamte Universum der Pflege – von der hektischen Klinik bis zum gemütlich-chaotischen Altenheim. Denn egal, in welcher Einrichtung du gerade deine Nerven opferst: die Absurditäten sind überall erstaunlich ähnlich. Es gibt die gleichen Dauer-Klingler, die gleichen Dienstplan-Dramen und dieselbe große Liebe zum Kaffee, der irgendwie immer zu kalt ist.

Dieses Buch ist nicht ganz ernst gemeint – aber genau das macht den Spaß aus. Denn irgendwo zwischen Galgenhumor, Übertreibung und liebevollem Sarkasmus wirst du feststellen: verdammt oft ist es erstaunlich nah an deinem Alltag dran.

Hier wird nicht über dich gelacht, sondern mit dir. Denn nur mit Humor übersteht man den täglichen Wahnsinn – und dieses Buch liefert dir die Portion, die du dringend verdient hast.

PATIENTEN – UNSERE LIEBSTEN ENDGEGNER

Manche Patienten sind wahre Meister darin, dich an die Grenzen deiner Geduld zu bringen – und gleichzeitig für unfreiwillige Comedy zu sorgen. Da sind die Dauer-Klingler, die aus jedem kleinen Wunsch eine olympische Disziplin machen. Die Besserwisser, die mit ihren Google-Diagnosen glänzen. Oder die Klassiker, die trotz zehnfacher Erklärung stur nach „der Ärztin" verlangen. Dieses Kapitel blickt mit liebevollem Sarkasmus auf die skurrilen Eigenheiten, die uns den Alltag erschweren – und versüßen.

1

DER DAUER-KLINGLER

Es gibt Patienten, die haben den roten Knopf entdeckt wie Kolumbus Amerika: ein Triumph, den sie ab sofort unermüdlich feiern. Du stellst das Wasser hin? Klingel. Du kippst das Fenster? Klingel. Du stellst den Kopfteil hoch, genau so, wie sie es wollten? Klingel. Manchmal beschleicht dich der Verdacht, sie trainieren nachts heimlich, um schneller zu drücken, als du rennen kannst. Natürlich erklärst du freundlich, dass die Klingel für Notfälle gedacht ist. Doch Notfall ist Definitionssache. Für manche bedeutet das: Die Fernbedienung liegt zehn Zentimeter zu weit weg. Oder der Fernseher zeigt statt „Bares für Rares" eine Kochsendung. Ganz klar: akute Lebenskrise.

Und so hetzt du im Dauertakt durchs Zimmer, während du innerlich zählst, ob es heute ein neuer Rekord wird. Vielleicht gibt es längst ein geheimes Tippspiel im Schwesternzimmer, das du nur noch nicht entdeckt hast. Ein kleiner Trost bleibt: Mit jedem Sprint verbrennst du Kalorien, als hättest du ein Jahresabo im Fitnessstudio. Am Ende des Tages weißt du jedenfalls, was der rote Knopf wirklich ist: weniger ein Hilfsmittel als ein Machtinstrument. Und du bist die unbezahlte Königin des Express-Lieferservices.

2

DR. GOOGLE AUF VISITE

Manche Patienten kommen nicht mit einer Tasche, sondern mit einer kompletten Bibliothek an ausgedruckten Internetartikeln. Jeder Husten, jedes Zwicken – schon wurde es gegoogelt, analysiert und selbstverständlich diagnostiziert. Da sitzt du nun, bemühst dich um Professionalität, während dir der Patient erklärt, dass er vermutlich eine seltene Tropenkrankheit aus der Mongolei hat, obwohl er das Haus höchstens für den wöchentlichen Lidl-Einkauf verlässt. Argumentierst du fachlich, wirst du milde belächelt. Schließlich hast du ja nur eine Ausbildung, während Google „alles weiß“.

In solchen Momenten wünschst du dir, es gäbe eine spezielle Klingel für Dr. Google-Notfälle – du würdest sie mit voller Wucht drücken. Doch anstatt die Augen zu rollen, nickst du geduldig, während innerlich die Frage tobt, ob Google wohl auch Anleitungen liefert, wie man Pflegekräfte vor chronischer Rechthaberei schützt. Am Ende bleibt dir nur der Trost, dass die meisten dieser Artikel länger dauern als jede Visite, aber immerhin kostenfrei zur Unterhaltung beitragen. So gesehen, sind diese Patienten eigentlich wandelnde Comedy-Shows – nur ohne Eintrittskarte.

DER MEISTER DER LETZTEN MINUTE

Es ist kurz vor Feierabend, du hast alles vorbereitet, deine Übergabe im Kopf sortiert, und dann passiert es: Patient XY entdeckt plötzlich eine endlose Liste an Beschwerden, die natürlich alle genau jetzt besprochen, dokumentiert und behandelt werden müssen. Vorzugsweise noch vor der Übergabe, denn was wäre das für ein Drama, wenn man einfach mal eine Nacht mit Bauchweh durchschlafen müsste. Du stehst also da, bereits halb im Feierabendmodus, während der Patient sich in epischer Breite in seine Symptome hineinsteigert. Dabei fragst du dich, ob es ein ungeschriebenes Gesetz gibt, dass medizinische Katastrophen ausschließlich dann auftreten dürfen, wenn die Schicht eigentlich vorbei ist.

Manchmal wirkt es fast so, als ob sie in der stillen Stunde davor heimlich planen, mit welcher Überraschung sie dich heute noch ärgern können. Natürlich lächelst du tapfer, während innerlich dein Feierabend in Rauch aufgeht. Am Ende bleibt nur die Erkenntnis: Das wahre Herz-Kreislauf-Risiko auf Station ist nicht der Blutdruck, sondern die Explosion deiner Geduld, wenn die Uhr unbarmherzig auf Feierabend steht.

4

DIE UNSICHTBARE FERNBEDIENUNG

Kaum etwas kann einen Menschen so tief ins Unglück stürzen wie der Verlust seiner Fernsehmacht. Die Fernbedienung ist weg – und du bist selbstverständlich die einzige Person im Umkreis von 50 Kilometern, die dieses Drama lösen kann. Natürlich hast du gerade Infusionen vorzubereiten, Vitalzeichen zu kontrollieren und tausend Dinge im Kopf, aber nein: Priorität Nummer eins ist der verzweifelte Suchtrupp nach dem grauen Plastikstab. Du wühlst in Bettlaken, unter Kissen, manchmal sogar in Körperregionen, die du lieber nicht erwähnst, nur um das vermaledeite Ding zu finden.

Am Ende taucht es dann an den absurdesten Orten auf: unter dem Rücken des Patienten, im Nachttisch zwischen zerknüllten Taschentüchern oder, besonders beliebt, direkt neben dem Wasserglas, das du vor zehn Minuten hingestellt hast. Der Dank? Ein knappes Nicken, gefolgt von der sofortigen Forderung, den Sender zu wechseln. Während du dich noch vom Suchmarathon erholst, läuft schon wieder „Bares für Rares“. Und du weißt: Das wahre Mysterium auf Station ist nicht die Krankheit, sondern die unendliche Reise der Fernbedienung.

DER MITTERNACHTS-PHILOSOPH

5

Tagsüber sind manche Patienten eher wortkarg, doch kaum bricht die Nacht herein, erwachen sie zu wahren Denkern. Drei Uhr morgens, du bist gerade auf dem Weg, halbwach deine Dokumentation zu tippen, da ertönt die Stimme aus dem Zimmer: „Schwester, darf ich Sie mal was fragen?“ Und schon befindest du dich mitten in einer tiefgründigen Diskussion über den Sinn des Lebens, die Weltwirtschaft oder die Frage, warum Stationsessen eigentlich immer nach nichts schmeckt. Während du innerlich mit deinen Augenringen kämpfst, versuchst du, die Rolle der nächtlichen Seelsorgerin ernsthaft auszufüllen. Schließlich gibt es keine bessere Uhrzeit, um die großen Fragen des Daseins zu klären, als kurz vor der Medikamentenrunde.

Am Ende des Gesprächs fühlst du dich wie nach einer philosophischen Vorlesung ohne Credit Points. Der Patient schläft schließlich beruhigt ein, während du hellwach zurückbleibst – mit der Erkenntnis, dass es auf Station keine Nachtruhe gibt. Es gibt nur den unaufhaltsamen Drang mancher Patienten, genau dann tiefgründig zu werden, wenn dein Gehirn im Energiesparmodus läuft.

6

DER MEDIKAMENTEN-SKEPTIKER

Manche Patienten nehmen ihre Tabletten so misstrauisch entgegen, als hättest du sie gerade persönlich im geheimen Hexenkessel zusammengebraut. Du erklärst sorgfältig, was sie nehmen sollen, warum es wichtig ist und dass es ärztlich verordnet wurde. Doch anstatt Vertrauen gibt es Stirnrunzeln, skeptische Blicke und endlose Rückfragen. Besonders beliebt sind Klassiker wie „Und was passiert, wenn ich das nicht nehme?“ oder „Haben Sie das schon mal selbst ausprobiert?“. Während du innerlich tief atmest, fragst du dich, ob du statt Krankenschwester nicht besser Pharmareferentin geworden wärst.

Oder vielleicht Zauberin, denn offenbar ist deine eigentliche Aufgabe weniger die Medikamentengabe, sondern das Überzeugen, dass du niemanden vergiften willst. Manche verwandeln die Einnahme in ein Drama, als müssten sie zwischen Leben und Tod wählen, obwohl es nur um einen Blutdrucksenker geht. Am Ende schlucken sie die Tablette dann doch, nicht selten mit dem Gesichtsausdruck eines tragischen Helden, der sich in sein Schicksal fügt. Und du weißt: Die eigentliche Wirkung tritt nicht durch den Wirkstoff ein, sondern durch deine Engelsgeduld, die dringend selbst auf Rezept verfügbar sein müsste.

7

DER KLINGEL-SYNCHRONCHOR

Ein Patient, der klingelt, ist Alltag. Zwei Patienten gleichzeitig – Routine. Aber wenn gleich mehrere Zimmer im Takt loslegen, klingt es wie ein Konzert der besonderen Art. Während du losrennst, steigt dein Puls, weil du weißt: Hinter dieser Geräuschkulisse wartet kein Drama, sondern meist eine Ansammlung der absurdesten Wünsche. Einer braucht Wasser, einer möchte frische Socken, einer hat versehentlich draufgelegen, und der letzte hat schlicht vergessen, warum er überhaupt gedrückt hat.

Währenddessen überlegst du, ob man aus diesem akustischen Chaos nicht eine Symphonie basteln könnte. Schließlich hat jede Klingel ihren eigenen Ton, fast wie ein Orchester der Nervenstrapazen. Doch das Publikum ist gnadenlos: Es fordert Soforthilfe, am liebsten gleichzeitig. Und du bist der einzige Dirigent, der dieses Konzert in eine Reihenfolge bringen muss. Am Ende weißt du, dass Mozart vermutlich nie den Don Giovanni geschrieben hätte, wenn er stattdessen Nachtschicht auf Station gehabt hätte – er hätte die Partitur einfach an die Klingelanlage ausgelagert.

8

DER DIÄT-REBELL

Ernährungspläne sind in Pflegeeinrichtungen eigentlich heilige Schriften. Kein Zucker, kein Salz, kein Fett – alles sorgfältig abgestimmt. Doch es gibt diese Patienten, die das Regelwerk als nette Empfehlung betrachten und in Eigenregie eine völlig neue Diät entwickeln. Kaum hast du dich umgedreht, taucht plötzlich Besuch mit einer Tüte Fastfood auf. Der Patient strahlt, als hätte er gerade den Jackpot geknackt, während du dir überlegst, wie du das in der Doku formulieren sollst. Besonders beliebt sind Diskussionen à la „Nur ein kleines Stück Kuchen, das wird schon gehen“. Dass dieser Kuchen ungefähr die Zuckermenge eines halben Jahres enthält, ist dabei nebensächlich.

Du erklärst also geduldig, warum das keine gute Idee ist, während der Duft von Pommes durchs Zimmer zieht und dich fast selbst schwach werden lässt. Am Ende bist du die Spaßbremse, die das Fettverbot verteidigt. Und insgeheim weißt du: Gegen den Diät-Rebellen hast du genauso viele Chancen wie gegen einen Schokoriegel im Nachtdienst.

9

DER FAMILIENRAT

Manchmal ist es nicht der Patient selbst, der deine Geduld strapaziert, sondern seine komplette Verwandtschaft. Kaum liegt jemand im Bett, verwandelt sich das Zimmer in einen Konferenzsaal. Tante, Cousin, Schwager – alle wollen mitreden, Fragen stellen und eigene Theorien in den Raum werfen. Am liebsten gleichzeitig und immer mit dem Satz „Wir wollen ja nur helfen". Während du versuchst, die Übersicht zu behalten, entwickelt sich das Gespräch zur Talkshow, in der du plötzlich als Hauptgast sitzt. Jeder Satz, den du sagst, löst neue Nachfragen aus, während Onkel Karl noch eine Anekdote aus den Siebzigern beiträgt.

Du beantwortest geduldig alles, doch innerlich fragst du dich, ob RTL das nicht direkt ausstrahlen könnte – die Mischung aus Drama, Comedy und Improvisation wäre quotentauglich. Irgendwann hast du das Gefühl, dass nicht der Patient, sondern die Familie in Behandlung gehört. Am Ende verlässt du das Zimmer mit einem Lächeln, das eher aufgeklebt als echt ist, und denkst dir: Nicht die Krankheit, sondern die Verwandtschaft ist die eigentliche Intensivstation.

10

DER DAUER-FRAGER

Manche Patienten haben einen unstillbaren Wissensdurst, der jede Unklarheit sofort ins Endlose ausweitet. „Wann kommt die Visite?“, „Wann gibt’s Essen?“, „Wie spät ist es?“, „Warum piept das Gerät?“, „Wo ist die Toilette?“ – und das alles innerhalb weniger Minuten. Du erklärst, wiederholst, variierst deine Antworten und stellst irgendwann fest, dass du längst ein lebendiges FAQ geworden bist. Natürlich gönnst du jedem das Recht auf Fragen, doch irgendwann merkst du, dass es längst nicht mehr um Informationen geht, sondern um Unterhaltung.

Manchmal möchtest du die Antworten einfach auf Schilder schreiben und im Zimmer aufhängen: Visite zwischen acht und zwölf, Essen kommt, wenn’s da ist, und das Piepen nervt uns alle. Stattdessen bleibst du professionell, atmest tief durch und beantwortest alles zum zehnten Mal. Dabei wächst in dir der Verdacht, dass diese Menschen heimlich für ein Quiztrainingslager üben. Am Ende bleibt dir nur die Erkenntnis, dass Neugier zwar sympathisch sein kann, aber im Dauerfeuer genauso anstrengend wirkt wie eine Endlosschleife in der Telefonwarteschleife – nur mit persönlicher Ansprache.

DU WEISST, DU BIST PFLEGEKRAFT, WENN ...

- ☐ du Kaffee nicht trinkst, sondern intravenös brauchst.
- ☐ du „gleich“ sagst und weißt: Das heißt mindestens in 2 Stunden.
- ☐ deine Hände nach Desinfektionsmittel riechen – auch noch unter der Dusche.
- ☐ du bei Klingelgeräuschen schon Phantomschmerzen im Ohr hast.
- ☐ du beim Wort „kurze Übergabe“ laut hysterisch lachen musst.
- ☐ du mehr über die Familien deiner Patienten weißt als über deine eigene.
- ☐ du in jeder Tasche Pflaster findest – nur nicht, wenn du sie wirklich brauchst.
- ☐ dein Frühstück öfter um 23 Uhr statt um 7 Uhr stattfindet.
- ☐ der Dienstplan spannender ist als die neue Netflix-Serie.

AUSWERTUNG

0-3 PUNKTE: Frischling. Du glaubst noch an Pausen und gerechte Dienstpläne.

4-6 PUNKTE: Profi. Kaffee im Blut, Klingel im Ohr, Leben auf Sparflamme.

7-9 PUNKTE: Du hast das Chaos akzeptiert – und es nennt dich inzwischen beim Vornamen.

11

DER TEMPERATUR-JUNKIE

Manche Patienten entwickeln eine regelrechte Obsession für ihre Körpertemperatur. Kaum hast du das Thermometer weggelegt, folgt schon die erste Nachfrage: „Und wie viel ist es jetzt?“ Fünf Minuten später wollen sie erneut messen, zur Sicherheit, und nach einer halben Stunde haben sie bereits eine kleine Statistik im Kopf. Spätestens beim dritten Mal fragst du dich, ob sie heimlich versuchen, eine wissenschaftliche Studie über ihren eigenen Kreislauf zu starten. Besonders charmant sind die Diskussionen darüber, ob 37,3 Grad bereits lebensgefährlich ist oder einfach nur ein ganz normaler Dienstag.

Du erklärst geduldig, dass minimale Schwankungen nichts bedeuten, doch der Patient besteht darauf, dass jede Messung exakt dokumentiert wird – am liebsten mit Diagrammen, farblich markiert und inklusive Legende. Irgendwann fühlst du dich weniger wie Pflegekraft, sondern wie Meteorologin, die stündlich Wetterberichte über das Großklima im Patientenbett abliefert. Währenddessen überlegst du, ob man nicht einfach ein digitales Thermometer erfinden sollte, das permanent 36,8 anzeigt. Natürlich würdest du das niemals tun, aber die Versuchung ist da. Am Ende bleibt dir nur der Gedanke: Wenn Temperaturmessen olympisch wäre, hätten wir längst mehrere Goldmedaillen sicher.

12

DER SCHMERZENSMALER

Schmerzskalen sind eigentlich selbsterklärend: von null bis zehn, nüchtern und praktisch. Doch manche Patienten verwandeln diese simple Skala in eine Bühne für große Dramen. Eine „fünf" klingt bei ihnen wie ein sterbender Schwan, während eine „acht" in epischen Shakespeare-Monologen dargeboten wird. Fragst du nach, erhältst du keine Zahl, sondern poetische Bilder von Blitzen, Messern, Lavafluten und Vulkanausbrüchen, die allesamt in ihrem Körper toben. Während du versuchst, das ernsthaft zu dokumentieren, schwankst du zwischen Mitgefühl und Augenrollen, weil du eigentlich nur eine Zahl brauchst.

Besonders unterhaltsam wird es, wenn sie dir mit eindringlicher Miene erklären, dass die Schmerzen „über zehn" liegen – die Skala also offiziell gesprengt ist. Natürlich notierst du pflichtbewusst alles und wünschst dir heimlich eine zweite Skala: nicht für Schmerzintensität, sondern für künstlerische Dramatik. Manche Patienten würden dort locker Höchstwerte erreichen. Am Ende verlässt du das Zimmer mit der Erkenntnis, dass Schmerz nicht nur individuell, sondern für manche auch ein Ausdrucksmittel ist. Und während du weiterziehst, denkst du dir: Eigentlich bräuchten wir für solche Fälle nicht Schmerzmedikamente, sondern Eintrittskarten für die nächste Vorstellung.

13

DER SCHNARCH-WELTMEISTER

Manche Patienten besitzen ein verborgenes Talent, das auf keinem Aufnahmebogen vermerkt ist: professionelles Schnarchen in Dolby Surround. Es beginnt harmlos mit einem leisen Säuseln, doch innerhalb weniger Minuten steigert es sich zu einem orchestralen Dröhnen, das selbst Stahlbeton erzittern lässt. Mitten in der Nacht hallt das Geräusch über den gesamten Flur, sodass Kollegen im Schwesternzimmer mitleidig aufhorchen. Besonders unfair ist, dass der Patient selbst tief und friedlich schläft, während alle anderen im Umkreis von drei Zimmern wachliegen und ihren Puls messen.

Du bringst Ohrstöpsel, schließt Türen, drehst sogar das Kissen – nichts hilft. Die Schallwellen scheinen Naturgesetze außer Kraft zu setzen. In solchen Nächten fragst du dich, ob es nicht sinnvoll wäre, den Patienten für wissenschaftliche Zwecke an das Max-Planck-Institut zu vermitteln. Vielleicht ließe sich das Geräusch zur Energiegewinnung nutzen. Am Ende bleibt dir nur schwarzer Humor, wenn du mit den Kollegen lachst und eine imaginäre Playlist zusammenstellst: „Greatest Hits of Station 3“. Der Patient selbst erfährt davon nichts, er erwacht morgens erholt und ausgeruht, während der Rest aussieht, als hätte er eine 24-Stunden-Schicht hinter sich.

14

DER HEIMLICH-AUFSTEHER

Es gibt Patienten, die entwickeln nachts die Agilität von Ninjas. Tagsüber betonen sie mit zitternder Stimme, dass sie keinen Schritt allein schaffen, doch kaum drehst du dich um, stehen sie plötzlich mitten im Flur, Infusion, Katheter und Kabel im Schlepptau. Dein Herzschlag erreicht in solchen Momenten Höchstwerte, weil du im Kopf schon die Unfallmeldung formulierst. Natürlich erklärst du geduldig, warum sie bitte klingeln sollen, aber offenbar ist der Drang nach Freiheit stärker als jede Vernunft.

Besonders beliebt sind Expeditionen Richtung Toilette um drei Uhr nachts, bei denen du sie auf halber Strecke abfängst, während du gleichzeitig betest, dass kein Schlauch reißt. Manchmal fragst du dich, ob sie im Geheimen Trainingspläne schreiben, um den „perfekten Ausbruch" zu proben. Später erzählen sie mit unschuldigem Blick, dass sie doch nur ein paar Schritte gehen wollten, als wäre das Ganze ein harmloser Spaziergang. Am Ende bleibt dir nur ein gequältes Lächeln und die Erkenntnis, dass Patienten mit Freiheitsdrang unberechenbarer sind als jedes medizinische Gerät. Und manchmal hoffst du insgeheim, dass sie nicht eines Tages beschließen, nachts heimlich Treppensteigen zu üben.

15

DER ZIMMER-DJ

Musik soll heilen, doch manche Patienten interpretieren diese Weisheit als Auftrag, den gesamten Flur zu beschallen. Kaum haben sie ein Radio oder Handy in Reichweite, verwandelt sich das Krankenzimmer in eine private Diskothek. Das Repertoire reicht von Schlager über Heavy Metal bis zu endlosen Volksmusiksendungen, immer in einer Lautstärke, die selbst Baulärm Konkurrenz macht. Natürlich trifft es nie deinen Geschmack, sondern zuverlässig genau das Genre, das dir nach einer Zwölf-Stunden-Schicht die letzten Nerven zieht. Wenn du höflich bittest, den Pegel etwas zu senken, wirst du mit großen Augen angesehen, als hättest du gerade das Grundrecht auf Lebensfreude verboten. Manche reagieren sogar gekränkt und drehen trotzig noch lauter.

Du stehst also da, schwankst zwischen Diplomatie und Fantasien von Lärmschutzverordnungen, während dir bewusst wird, dass du längst unfreiwillige Besucherin eines privaten Konzerts bist. Am Ende tröstest du dich mit dem Gedanken, dass sie mit ihrer Ausdauer am Lautstärkeregler eigentlich einen Plattenvertrag verdient hätten. Nur leider findet sich kein Produzent, der auf Station drei nach Talenten sucht – und so bleibst du die einzige Zuhörerin dieser exklusiven, gnadenlosen Dauerschleife.

16

DER DAUER-DUSCHER

Manche Patienten betrachten die Dusche nicht als sanitäre Notwendigkeit, sondern als Wellness-Oase. Kaum ist das Bad frei, verschwinden sie darin für eine gefühlte Ewigkeit, ausgestattet mit Shampoo, Spülung, Duschgel und manchmal sogar einem ganzen Beauty-Programm. Während du draußen wartest und die Uhr im Blick hast, fragst du dich, ob sie dort drinnen heimlich ein Schaumbad nehmen oder die Fliesen neu verfugen. Besonders beliebt ist die Kombination aus minutenlangem Duschgesang und dem Ausprobieren sämtlicher Wassertemperaturen, bis der Boiler stöhnt und du innerlich die Warteliste verlängerst.

Natürlich erklärst du freundlich, dass auch andere Patienten duschen möchten, doch für den Dauer-Duscher gilt offenbar das Prinzip „Meins ist meins, und die Dusche sowieso". Am Ende öffnet sich die Tür, dir schlägt eine Dampfwolke entgegen und ein grinsender Patient tritt heraus, der aussieht, als käme er direkt aus einem Spa-Resort. Du denkst dir nur: Die eigentliche Kunst im Stationsalltag ist nicht das Legen einer schwierigen Infusion, sondern das Verhindern, dass sich das Badezimmer dauerhaft in eine Therme verwandelt – inklusive unbegrenztem Eintritt.

17

DER WASSER-SOMMELIER

Wasser ist eigentlich das simpelste Getränk der Welt. Doch für manche Patienten wird es zur Wissenschaft. „Zu kalt", „zu warm", „zu viel Kohlensäure", „zu wenig Kohlensäure" – du lernst in kürzester Zeit, dass H_2O in unzähligen Varianten existieren kann. Während du versuchst, die Wünsche so gut wie möglich zu erfüllen, hast du das Gefühl, als würdest du in einem Sterne-Restaurant arbeiten, nur ohne Trinkgeld. Manche bestehen sogar darauf, dass das Wasser exakt auf Zimmertemperatur gebracht wird, andere hätten gern eine bestimmte Marke, die natürlich nicht im Haus vorhanden ist.

Und wenn du denkst, du hättest es geschafft, kommt der Nachsatz: „Ach, könnten Sie mir dazu noch ein Glas mit genau zwei Eiswürfeln bringen?" Natürlich bleibst du professionell, doch innerlich lachst du bitter über die Tatsache, dass du inzwischen mehr über Wasser weißt als jeder Getränkemarktverkäufer. Am Ende bleibt dir nur die Erkenntnis: Manche Patienten brauchen weniger medizinische Betreuung, sondern eher eine persönliche Kellnerin mit Mineralwasser-Zertifikat.

18

DER VERGESSLICHE

Es gibt Patienten, die vergessen alles so konsequent, dass du dich manchmal fragst, ob sie dich absichtlich auf die Probe stellen. Du erklärst etwas, drehst dich um – und schon kommt die gleiche Frage wieder. Du bringst Medikamente, erklärst die Einnahme, und keine zehn Minuten später wollen sie wissen, wofür die Tablette eigentlich war. Besonders unterhaltsam wird es, wenn sie mit ernster Miene beteuern, dass ihnen das „noch nie" passiert ist, obwohl du exakt denselben Satz gestern gehört hast. Manchmal fühlst du dich wie eine Schallplatte, die endlos hängt, und überlegst, ob du dir nicht besser ein Aufnahmegerät zulegst, das deine Standardantworten automatisch abspielt.

Natürlich bleibst du freundlich, wiederholst und lächelst, doch innerlich entwickelst du eine Mischung aus Galgenhumor und Resignation. Besonders schön ist es, wenn sie nach der dritten Erklärung überzeugt nicken – nur um fünf Minuten später erneut mit großen Augen zu fragen. Am Ende bleibt dir nur die Erkenntnis: Wiederholung mag die Mutter des Lernens sein, aber in der Pflege ist sie vor allem die Mutter aller Geduldsproben.

DER DAUER-TELEFONIERER

Kaum liegt ein Handy im Patientenzimmer, verwandelt sich die Etage in ein Callcenter. Es wird ständig telefoniert: mit der Familie, mit Freunden, mit Nachbarn, die jedes Detail erfahren wollen. Du betrittst das Zimmer, um Medikamente zu bringen, und wirst mit einer stummen Geste abgespeist – schließlich läuft gerade ein extrem wichtiges Gespräch über die neuesten Klatschgeschichten. Besonders schön ist es, wenn die Lautsprecherfunktion eingeschaltet ist und du die familiären Dramen live mithörst, ob du willst oder nicht. Du wartest höflich, versuchst professionell zu bleiben, während du innerlich schon überlegst, ob man nicht spezielle Handyverträge für Pflegeeinrichtungen einführen sollte – inklusive Flatrate für endlose Gespräche.

Natürlich könntest du einfach unterbrechen, aber du weißt: Dann würdest du als Spielverderberin gelten, die das „soziale Umfeld" zerstört. Also stehst du da, mit deinem Tablett in der Hand, und hörst dir unfreiwillig die komplette Lebensgeschichte von Tante Erna an. Am Ende verlässt du das Zimmer mit dem Gedanken, dass es weniger um Genesung geht, sondern eher darum, wer im Freundeskreis die längste Gesprächsdauer nachweisen kann.

20

DER MIT DER EXTRAWURST

Manche Patienten entwickeln einen unerschütterlichen Anspruch auf individuelle Betreuung. Sie möchten das Essen bitte ohne Salz, aber mit etwas Pfeffer, dafür warm, aber nicht zu heiß, und selbstverständlich sofort serviert. Du reichst das Tablett, und nach kurzem Blick wird reklamiert: „Das habe ich mir aber anders vorgestellt." Während du versuchst, freundlich zu bleiben, fühlst du dich plötzlich wie in einem Restaurant mit besonders schwierigen Gästen. Besonders beliebt ist die Frage, ob du „nicht noch schnell etwas anderes machen könntest" – vorzugsweise ein Gericht, das auf keiner Karte steht.

Natürlich erklärst du ruhig, dass es feste Pläne gibt, doch innerlich träumst du davon, die Rolle des Chefkochs abzugeben. Manchmal bleibt der Eindruck, dass es weniger um Hunger, sondern mehr um das Gefühl geht, Sonderwünsche durchzusetzen. Am Ende servierst du, lächelst tapfer und denkst dir: Die wahre Kunst ist nicht die medizinische Versorgung, sondern das ständige Jonglieren zwischen Pflegekraft, Kellnerin und diplomatischer Unterhändlerin.

KOLLEGEN: FLUCH UND SEGEN IM KASACK

Ohne Kolleginnen und Kollegen wäre der Job kaum auszuhalten – und manchmal gerade wegen ihnen auch nicht. Hier findest du sie alle: die Phantom-Kollegen, die spurlos verschwinden, die Kaffee-Gurus, die ohne Koffein keine Sprache sprechen, und die unerschütterlichen Teamhelden, die im entscheidenden Moment mit Kugelschreiber, Pflaster oder Schokolade zur Stelle sind. Zwischen genervtem Augenrollen und stiller Dankbarkeit feiern wir hier die bunte Truppe im Stationsalltag.

DIE CHAOTISCHE ÜBERGABE

21

Übergaben sollen eigentlich klare Informationsketten sein, damit jeder weiß, was Sache ist. Eigentlich. In Wirklichkeit laufen sie ab wie eine Mischung aus Improtheater, Rateshow und Gedächtnis-Quiz. Einer beginnt mit dem ersten Patienten, wird unterbrochen, weil irgendwo ein Telefon klingelt, ein anderer findet die Kurve nicht und improvisiert frei nach Gefühl, während im Hintergrund jemand das Protokollblatt bekleckert. Du versuchst mitzuschreiben, doch deine Notizen sehen bald aus wie ein verschlüsselter Geheimcode, den nicht einmal die NSA knacken könnte. Besonders spannend wird es, wenn mittendrin ein Arzt hereinschneit und die halbe Runde in eine Diskussion über Medikamente abdriftet, die für den Moment völlig irrelevant ist.

Nach zwanzig Minuten kennst du die private Haustiergeschichte deiner Kollegin, aber nicht die Medikation von Zimmer zwölf. Am Ende nickt jeder, als wäre alles gesagt, und du gehst zurück auf Station mit einem Zettel, der eher nach dadaistischem Gedichtband aussieht. Die wahre Kunst der Übergabe besteht nicht darin, Informationen weiterzugeben, sondern darin, dass du anschließend überhaupt noch durchblickst, was wirklich relevant war.

22

DAS DIENSTPLAN-ROULETTE

Kaum hängt der neue Dienstplan aus, wird er zum Nabel des Stationsuniversums. Innerhalb von Minuten stehen Kollegen davor, als wäre es der Livestream der Lottoziehung. Jeder scannt mit Adleraugen nach freien Wochenenden, prüft Feiertage und zählt die Anzahl der Nachtdienste, als hinge das Schicksal des Kontinents davon ab. Erste Tauschgeschäfte laufen sofort an: „Wenn du meinen Spätdienst nimmst, kriegst du meinen Brückentag." Klingt fair, endet aber in komplexen Netzwerken von Deals, die kein Außenstehender mehr versteht. Besonders beliebt sind die Lücken mit dem freundlichen Hinweis „noch zu besetzen" – was in Wahrheit bedeutet: Irgendjemand darf in Kürze Freiwilliger wider Willen spielen.

Manch einer geht triumphierend weg, andere seufzen tief und beginnen sofort mit der Planung einer dramatischen Krankmeldung. Am Ende weißt du: Der Dienstplan ist weniger ein organisatorisches Hilfsmittel, sondern ein Glücksspiel, bei dem du selten gewinnst und meistens verlierst. Wer zu lange hinsieht, verliert nicht nur die Hoffnung, sondern gleich das ganze Wochenende.

23

DAS STATIONS-FRÜHSTÜCK

Das gemeinsame Frühstück ist der heilige Gral im Stationsalltag. Eine kurze Pause, ein Brötchen, ein Kaffee – und für einen winzigen Moment fühlst du dich fast wie ein normaler Mensch. Doch kaum setzt du dich, klingelt es wieder. Du stehst auf, rennst los, kommst zurück, dein Kaffee ist kalt. Neuer Versuch, neuer Biss ins Croissant – und schon platzt die Visite hinein, gefolgt von einem Anruf aus der Aufnahme. Während du versuchst, gleichzeitig die Butter zu verstreichen und Blutdruckwerte im Kopf zu behalten, überlegst du, ob es nicht effizienter wäre, direkt im Stehen zu essen.

Besonders bitter ist der Moment, wenn du endlich Zeit findest und feststellst: Jemand hat das letzte Stück Käse genommen. Niemand gesteht es, alle blicken unschuldig. Am Ende bleibt dir ein lauwarmes Brötchen, das mehr nach Frust als nach Mahlzeit schmeckt. Und doch ist das Frühstück unverzichtbar, weil es diesen Hauch von Normalität schenkt. Selbst wenn du weißt, dass Station drei jede Bäckerei mit ihrem Tempo in den Wahnsinn treiben würde.

DER NACHTDIENST-PAKT

Nachtdienste haben ihre ganz eigene Dynamik. Wenn draußen die Welt schläft, verwandelt sich die Station in eine Mischung aus Zombie-Film und Impro-Comedy. Müdigkeit hängt in der Luft, Augenringe werden zu Orden und der Kaffeeautomat zum heiligen Altar. Mitten in dieser Absurdität entsteht eine besondere Form der Kollegialität. Man teilt Schokolade, erzählt Geschichten, die tagsüber niemals jemand lustig fände, und lacht Tränen über völlig banale Dinge. Besonders eng wird der Pakt, wenn um drei Uhr morgens alle Klingeln gleichzeitig losgehen. Ohne Worte weiß jeder, was zu tun ist, man bewegt sich wie eingespielt, als hätte man seit Jahren dafür geprobt.

Diese Nächte sind hart, zermürbend und manchmal surreal, aber genau dadurch schweißen sie zusammen. Kein Teambuilding-Seminar der Welt schafft, was eine gemeinsame Nachtschicht erreicht. Am Morgen siehst du zwar aus wie ein wandelnder Geist, aber du weißt: Genau diese Nächte vergisst man nicht – und genau diese Kollegen retten dir den Verstand.

25

DER DOKUMENTATIONS-MUFFEL

Es gibt Kollegen, die haben eine besondere Gabe: Sie schaffen es, den gesamten Dienst über zu arbeiten, ohne auch nur eine Zeile zu dokumentieren. Während du dir die Finger wund schreibst und versuchst, jede Kleinigkeit in den Akten festzuhalten, verschwindet der Dokumentations-Muffel elegant im Hintergrund. Fragt man später nach, heißt es: „Hab ich im Kopf." – als sei das eine valide Form der Patientenakte. Besonders herrlich ist es, wenn am Ende der Schicht die große Ratlosigkeit ausbricht: Niemand weiß genau, wann die Medikamente gegeben wurden, welche Vitalwerte zuletzt gemessen wurden oder ob der Verbandswechsel überhaupt stattgefunden hat.

Dann beginnt das große Rätselraten, und du darfst mit Sherlock-Holmes-Blick rekonstruieren, was tatsächlich passiert ist. Natürlich wird der Muffel nie offiziell kritisiert, sondern zieht seine Spur der Unvollständigkeit weiter. Am Ende bleibt dir nur die Erkenntnis: Dokumentation ist kein gemeinsamer Auftrag, sondern ein kollektives Glücksspiel. Wer den Muffel im Team hat, sollte besser schnell schreiben – denn einer wird's am Ende auf jeden Fall tun müssen. Und meistens bist das du.

26

DER VERSCHWUNDENE KOLLEGE

Es gibt Kollegen, die verschwinden mitten im Dienst spurlos. Eben noch standen sie neben dir, haben genickt, als du Aufgaben verteilt hast, und eine Sekunde später sind sie wie vom Erdboden verschluckt. Niemand weiß, ob sie im Lager, auf der Toilette oder auf einer geheimen Mission unterwegs sind. Während du durchs Zimmer hetzt, Infusionen kontrollierst, Telefone bedienst und Patienten beruhigst, bleibt dir nur die Frage: Wo steckt er? Besonders irritierend ist es, wenn man ihn plötzlich minutenlang im Aufenthaltsraum findet – mit Kaffee in der Hand und einem Gesichtsausdruck, als sei alles in bester Ordnung.

Noch mysteriöser: Pünktlich zur Übergabe ist er zuverlässig wieder da, top gestylt, frisch gelaunt und mit dem Satz: „War heute echt viel los, oder?“ Während du erschöpft neben ihm zusammenbrichst, meldet dein Schrittzähler einen neuen Marathonrekord. Irgendwann glaubst du, er hat heimlich einen Geheimgang gefunden, durch den er sich in eine Parallelwelt rettet, sobald es anstrengend wird. Am Ende weißt du: Manche Kollegen sind keine Teamplayer, sondern Fabelwesen – unsichtbar, aber trotzdem auf der Gehaltsliste.

27

DIE STATIONS-DIVA

Auf jeder Station gibt es sie: die Kollegin oder den Kollegen, der mit majestätischer Selbstverständlichkeit auftritt. Schon beim Betreten des Zimmers liegt ein unsichtbarer roter Teppich aus, und alle anderen scheinen automatisch Statisten in ihrer Show zu sein. Die Stations-Diva beherrscht die Kunst, Aufgaben großzügig zu verteilen, ohne jemals selbst ins Schwitzen zu geraten. Während du schon im dritten Zimmer rennst, kommentiert sie lässig: „Kannst du das eben noch übernehmen?" – und nickt gnädig, als würdest du ihr einen Gefallen erweisen. Besonders herrlich ist es, wenn sie in Visiten glänzt, mit einem perfekt einstudierten Nicken oder einem wohlplatzierten Kommentar, der wirkt, als hätte sie den ganzen Tag gearbeitet.

In Wahrheit hat sie den halben Vormittag im Stationszimmer verbracht, strategisch positioniert neben dem Kaffeebecher. Kollegen reagieren unterschiedlich: die einen rollen mit den Augen, die anderen ergeben sich dem Schauspiel. Am Ende bleibt dir nur Galgenhumor: Jede Station braucht ihre Diva. Und solange sie ihre Rolle so überzeugend spielt, bleibt dir nichts anderes übrig, als brav mitzuspielen – auch ohne roten Teppich.

DER KUCHENKRIEG

Kaum bringt jemand Kuchen mit, verwandelt sich das Schwesternzimmer in ein Schlachtfeld. Zuerst tut jeder so, als sei er völlig desinteressiert, doch sobald das Messer die Glasur berührt, stehen wie auf Kommando alle daneben. Manche schneiden mikroskopisch kleine Stücke, nur um später erneut zuzuschlagen, andere sichern sich gleich ein Viertel. Besonders beliebt sind die Kollegen, die scheinheilig sagen: „Nur ein kleines Stück" – und dann das größte nehmen. Innerhalb kürzester Zeit ist die Platte leer, Krümel liegen verstreut, und der arme Spätdienst-Kollege findet nur noch traurige Reste. Natürlich schwört jeder, kaum etwas gegessen zu haben, doch die verschwundene Buttercreme spricht eine andere Sprache.

Manchmal entbrennt ein stiller Wettkampf, wer das letzte Stück ergattert, und nicht selten verschwindet es mysteriös im Kühlschrank, hinter der Milch, um später heimlich genossen zu werden. Am Ende bleibt dir nur die Erkenntnis: Kuchen ist auf Station härter umkämpft als freie Wochenenden, und wer zu spät kommt, den bestraft nicht das Leben, sondern das Buffet. Und genau deshalb ist jede neue Kuchenrunde weniger eine Geste der Freundschaft als eine Einladung zum süßesten Kriegsschauplatz der Pflegewelt.

29

DIE UMKLEIDE-HÖLLE

Die Umkleide ist kein Raum, sie ist ein Schlachtfeld. Jeder versucht, irgendwie in Rekordzeit Kittel und Hose zu wechseln, während Spinde klemmen, Türen nicht richtig schließen und Kollegen quer durch den Raum fluchen. Besonders schön ist es, wenn gleich mehrere gleichzeitig Dienstbeginn haben und alle in denselben zwei Quadratmetern stehen. Ellenbogen, Taschen und Schuhe fliegen, während irgendwer garantiert seinen Spind nicht aufbekommt. Manche Kollegen markieren ihre Spinde mit Bildern, Sprüchen oder Glücksbringern, doch im Chaos sieht trotzdem alles gleich aus. Verwechslungen sind vorprogrammiert, und plötzlich stehst du in der Jacke eines Kollegen, der drei Kleidergrößen größer ist.

Besonders bitter ist es, wenn in der Hektik noch jemand vergisst, den Schlüssel mitzunehmen, und nach Schichtende vor verschlossener Tür steht. Am Ende weißt du: Die Umkleide ist kein Ort der Ruhe, sondern der erste Stresstest des Tages. Wer hier heil herauskommt, hat das Gefühl, schon vor Schichtbeginn einen Marathon absolviert zu haben.

30

DER UNAUFHALTSAME SMALLTALK

Manche Kollegen haben ein bemerkenswertes Talent: Sie reden. Und zwar unaufhörlich, pausenlos, ohne Punkt und Komma. Sie erzählen vom Wochenende, vom Nachbarn, vom neuesten Haushaltsgerät, und das mitten im größten Stress. Während du versuchst, Vitalzeichen zu kontrollieren, referieren sie über Gartenzäune. Beim Blutabnehmen hörst du Geschichten über den letzten Urlaub, beim Dokumentieren über das schiefe Regal im Wohnzimmer. Du nickst höflich, obwohl du innerlich längst die Sekunden zählst, bis du entkommen kannst. Besonders gefährlich ist es, wenn du unbedacht eine Nachfrage stellst – schon verlängert sich der Monolog um weitere zwanzig Minuten.

In diesen Momenten fragst du dich, ob Smalltalk ansteckend sein kann oder ob du irgendwann auch so endest. Natürlich willst du niemanden vor den Kopf stoßen, aber irgendwann überlegst du, ob Ohrstöpsel nicht offiziell als Arbeitsmittel eingeführt werden sollten. Am Ende bleibt dir nur ein müdes Lächeln, während du denkst: Der eigentliche Grund, warum man nie rechtzeitig in die Pause kommt, ist nicht der Stress, sondern der Kollege, der ihn einfach totredet.

SELBSTDIAGNOSE FÜR PFLEGEKRÄFTE

1. MEIN ENERGIELEVEL HEUTE ENTSPRICHT ...

- ○ einer Infusion, die seit Stunden leer durchläuft
- ○ einem Kaffeeautomaten mit „außer Betrieb“-Schild
- ○ einem Nachtdienst um 04:37 Uhr
- ○ einem Riegel, den der Kollege heimlich geklaut hat

2. WÄRE ICH HEUTE EIN STATIONSGEGENSTAND, DANN ...

- ○ ein Kugelschreiber, der garantiert verschwindet
- ○ ein Handschuh in der falschen Größe
- ○ ein Pieper, der ununterbrochen klingelt
- ○ ein Rollstuhl mit blockierter Bremse

3. MEIN STRESSLEVEL FÜHLT SICH AKTUELL AN WIE ...

- ○ zwanzig Klingeln gleichzeitig
- ○ eine Visite, die nie endet
- ○ ein Dokumentenstapel höher als der Eiffelturm
- ○ ein Dienstplan, erstellt von einem betrunkenen Orakel

4. MEINE KOMMUNIKATIONSFÄHIGKEIT LIEGT UNGEFÄHR BEI ...

- ○ einem Faxgerät von 1998
- ○ einer Übergabe, die mitten im Feueralarm stattfindet
- ○ „Mhm“ und „gleich“ – mehr geht nicht
- ○ einer Arzt-Notiz in Altgriechisch

31

DER PAUSEN-ILLUSIONIST

Pausen im Dienstalltag sind wie Einhörner: Jeder redet darüber, kaum jemand hat je eine gesehen. Besonders dann, wenn ein Kollege plötzlich verkündet: „Ich geh mal eben kurz Pause machen." Während du noch darüber nachdenkst, ob es überhaupt erlaubt ist, verschwindet er und taucht eine halbe Stunde später satt, zufrieden und mit Kaffeebecher wieder auf. Du selbst hattest in der Zeit drei Klingelmarathons, einen Arzt am Telefon und eine Infusion, die fröhlich durchgepiept hat. Fragst du nach, sagt er lächelnd: „Ach, das war nur ganz kurz." Ganz kurz bedeutet in Wahrheit: genug Zeit, um ein Drei-Gänge-Menü zu genießen.

Besonders bitter ist es, wenn du deine Pause dann antreten willst – und sofort etwas dazwischenkommt. Am Ende sitzt du hungrig auf Station, während dein Kollege genüsslich von seinem belegten Brötchen erzählt. Die Erkenntnis: Pausen sind nicht gerecht verteilt. Manche beherrschen die Kunst, sie wie von Zauberhand aus dem Chaos zu zaubern, während du dir schon überlegst, ob ein Müsliriegel im Desinfektionsspender wirklich so unhygienisch wäre.

DIE THERMOBECHER-VERSCHWÖRUNG

32

Kaffee ist auf Station überlebenswichtig, doch Thermobecher sind noch wichtiger. Kaum stellst du deinen Becher für einen Moment ab, ist er wie vom Erdboden verschluckt. Sekunden später siehst du ihn in der Hand eines Kollegen, der unschuldig behauptet, es sei „sein eigener". Natürlich schwören alle, sie hätten gar nichts angerührt, doch am Ende hast du kalten Kaffee und irgendein anderer schlürft zufrieden. Besonders absurd ist es, wenn dein Becher sogar mit Namen beschriftet ist und trotzdem jemand behauptet, er habe keine Ahnung, wie der in seine Hand gekommen sei. Im Schwesternzimmer herrscht längst ein inoffizielles Thermobecher-Karussell, bei dem keiner mehr weiß, wem was gehört.

Manche trinken aus zwei Bechern gleichzeitig, andere geben sie erst zurück, wenn der letzte Tropfen längst getrunken ist. Manchmal überlegst du, ob man nicht einfach Einwegbecher mit Alarmanlage oder Fingerabdrucksensoren einführen sollte. Am Ende bleibt dir nur der Gedanke: Auf Station kannst du Stifte, Schokolade und manchmal sogar deine Geduld verlieren – aber wehe, jemand nimmt dir deinen Kaffee. Das ist kein kleiner Diebstahl, sondern eine ausgewachsene Kriegserklärung.

33

DAS FLUR-GESPRÄCH

Es gibt Kollegen, die fangen genau dann ein tiefgründiges Gespräch an, wenn du auf dem Weg zu einem Notfall bist. Mit einem Stapel Akten in der Hand und dem Piepen im Ohr bleibst du höflich stehen, während dir jemand ausführlich von seinem Wochenende erzählt. Natürlich willst du nicht unhöflich wirken, doch innerlich schreist du, weil die Uhr tickt. Besonders schön ist es, wenn er mitten im Flur über Lebensphilosophie, Dienstplan oder seinen kaputten Staubsauger monologisiert, während du nur daran denkst, dass Zimmer zwölf gerade klingelt.

Versuchst du, das Gespräch zu beenden, kommt noch ein „Ach, eins noch…“ und schon bist du in der nächsten Endlosschleife. Am Ende rennst du doppelt so schnell los, um aufzuholen, während dein Kollege zufrieden abbiegt, als hätte er gerade die Welt verbessert. Die Wahrheit ist: Manche Gespräche sind nicht Smalltalk, sie sind Zeiträuber in Reinform. Und du weißt: Wenn man sie nicht stoppt, stehst du noch in einer Stunde da – mit kaltem Kaffee und wachsenden Augenringen.

34

DER DOKUMENTATIONS-KÜNSTLER

Dokumentation ist Pflicht, aber manche Kollegen verwandeln sie in ein künstlerisches Lebenswerk. Während du kurz und knapp notierst, schreibt er epische Romane über jeden Patienten. Ganze Absätze über Befindlichkeiten, Beobachtungen und Nebensächlichkeiten füllen die Kurve, als wäre es ein literarisches Manuskript. Besonders spannend wird es, wenn er dich später kritisch darauf hinweist, dass deine Notizen zu knapp seien, während er selbst die Tastatur fast zum Glühen bringt. Du fragst dich ernsthaft, ob er heimlich nach Anzahl der geschriebenen Wörter bezahlt wird.

Am Ende sitzt er stundenlang am Computer, während du von Zimmer zu Zimmer rennst, Klingeln beantwortest und Infusionen wechselst. Wenn man dann mitten in der Schicht dringend Informationen braucht, versinkt man in Textmassen, die länger sind als so mancher Roman. Statt einer klaren Angabe findest du ausführliche Abhandlungen, die zwar literarisch beeindrucken, aber im Alltag kaum weiterhelfen. Für eine Diagnose reicht oft ein Satz, doch dieser Kollege braucht mindestens eine Seite. Und so bleibt dir nur die Erkenntnis: Dokumentation ist wichtig – aber wer Prosa schreibt, arbeitet nicht im Krankenhaus oder Pflegedienst, sondern im Literaturbetrieb.

DAS CHAOS BEIM ÜBERGABEBUCH

Das Übergabebuch ist eigentlich dafür gedacht, Ordnung ins Schichtchaos zu bringen. Eigentlich. In der Praxis gleicht es einer Mischung aus Tagebuch, Kritzelheft und geheimem Code. Manche schreiben in winzigen Buchstaben, andere in Hieroglyphen, die kein Mensch entziffern kann. Besonders schön ist es, wenn mitten im Satz die Tinte ausgeht und niemand sich die Mühe macht, den Gedanken zu beenden. Du sitzt später davor, versuchst es zu verstehen, und es liest sich wie ein Rätsel: „Pat. unruhig, Arzt… → ???" Währenddessen schwören die Kollegen, sie hätten alles ganz klar notiert.

Am Ende rennst du von Zimmer zu Zimmer, um selbst herauszufinden, was eigentlich gemeint war. Natürlich könnte man Regeln einführen, aber irgendwie ist es Tradition, dass das Übergabebuch alles ist – nur keine Hilfe. Und so bleibt dir nur ein bitteres Lächeln, während du denkst: Das eigentliche Mysterium im Stationsalltag ist nicht die Medizin, sondern die Frage, was zur Hölle im Übergabebuch steht.

DER FRÜHSTÜCKS-COUNTDOWN

Das gemeinsame Frühstück auf Station ist ein Heiligtum. Jeder weiß, dass es niemals entspannt abläuft, aber trotzdem freut man sich darauf. Schon beim Aufdecken beginnt der Countdown: Schafft man es, ein Brötchen zu essen, bevor die nächste Klingel ertönt? Du setzt dich, atmest tief durch, und kaum streichst du Butter, klingelt es. Du rennst los, kommst zurück, der Kaffee ist kalt. Neuer Versuch – Biss ins Brötchen – und schon platzt ein Arzt herein, der dringend etwas will.

Besonders bitter ist es, wenn du nach dem dritten Anlauf endlich am Tisch sitzt und feststellst, dass jemand das letzte Stück Käse genommen hat. Niemand gesteht, alle blicken unschuldig. Manchmal überlegst du, ob man nicht einfach einen Caterings-ervice direkt ins Schwesternzimmer bestellen sollte. Doch am Ende weißt du: Dieses Frühstück ist kein Mahl, sondern ein Wettkampf mit ungewissem Ausgang. Wer ein warmes Getränk erwischt, hat schon gewonnen. Und wer ein ganzes Brötchen schafft, darf sich offiziell Stations-Champion nennen.

DER PUTZWAGEN-HIGHWAY

Es gibt diesen einen Flur, der immer dann blockiert ist, wenn du es eilig hast. Mitten drin steht der Putzwagen, unbeweglich wie ein Fels, daneben dein Kollege, der seelenruhig die Bodenleisten schrubbt, als habe er alle Zeit der Welt. Du jonglierst Infusion, Tabletts und Akten, während er dir freundlich zulächelt und genau in diesem Moment ein Gespräch beginnt: „Na, viel los heute?" Innerlich planst du schon eine Umleitung über die Notaufnahme. Besonders schön ist es, wenn er den Wagen Zentimeter für Zentimeter verschiebt, als sei es eine taktische Meisterleistung.

Inzwischen drängen sich hinter dir Patienten, Ärzte und weitere Kollegen, doch niemand kommt durch. Du fragst dich, ob man Putzwagen nicht mit Blinker, Hupe und Navigationssystem ausstatten sollte. Nach zehn Minuten quetschst du dich seitlich vorbei, verlierst fast die halbe Akte und schwörst dir, beim nächsten Mal einfach durchzubrechen. Am Ende bleibt dir nur Galgenhumor: Dieser Flur ist kein Weg, er ist ein Highway der Nervenprobe – und der Putzwagen das unüberwindbare Stauende.

38

DAS WEIHNACHTSFEIER-DESASTER

Die Stations-Weihnachtsfeier ist jedes Jahr das gleiche Schauspiel: ein unschuldiges Treffen mit Plätzchen, Glühwein und angeblich besinnlicher Stimmung – und am Ende ein gesellschaftliches Desaster. Schon nach der dritten Tasse Glühwein fangen die ersten Kollegen an, ihre wahren Gedanken über Dienstpläne, Ärzte und den Schokokuchen im Aufenthaltsraum zu offenbaren. Besonders herrlich ist es, wenn der sonst so stille Kollege plötzlich auf dem Tisch tanzt oder die Chefin Weihnachtslieder in einer Lautstärke anstimmt, die an einen Einsatz der Feuerwehrsirene erinnert.

Am nächsten Morgen herrscht betretenes Schweigen. Niemand spricht über die peinlichen Geständnisse oder die seltsamen Tanzbewegungen, aber jeder erinnert sich. In den Fluren huschen verstohlene Blicke, und das Lächeln wirkt gezwungen. Natürlich schwören alle, dass es im nächsten Jahr ruhiger zugeht – bis es wieder genauso endet. Die Erkenntnis: Die Weihnachtsfeier ist kein Fest der Freude, sondern ein kollektiver Erinnerungslücken-Marathon. Und wer glaubt, am nächsten Tag unauffällig so zu tun, als sei nichts gewesen, irrt: Stationen vergessen nie.

DER KOLLEGENSPRINT

Manche Kollegen entwickeln plötzlich olympische Qualitäten, sobald der Gong zur Pause ertönt. Eben noch haben sie mit schwerem Schritt die Gänge entlanggeschlichen, müde, erschöpft, fast schon gebrochen – und im nächsten Moment sprinten sie los, als ginge es um die Goldmedaille im Hundertmeterlauf. Du selbst beendest noch schnell eine Dokumentation, überprüfst eine Infusion, beantwortest eine klingelnde Nachfrage, und wenn du schließlich in den Pausenraum kommst, ist der beste Platz längst vergeben. Der Kaffee dampft in den Tassen der anderen, die Stühle sind besetzt und vom Kuchen gibt es nur noch traurige Krümel.

Besonders dreist sind die Kollegen, die dann unschuldig schauen und behaupten, sie hätten gar nicht bemerkt, wie schnell sie losgerannt seien. Manche lassen sich sogar feiern, als hätten sie eine Meisterleistung vollbracht: „Ach, ich war zufällig zuerst da." Am Ende sitzt du am Rand, nippst an einem lauwarmen Rest Kaffee und denkst dir: Pausen sind auf Station keine Erholung, sondern Wettkämpfe. Wer den Startschuss verpasst, landet unweigerlich hinten – und bleibt ohne Kuchen.

40

DIE ENDLOSE DISKUSSION

Auf jeder Station gibt es diese unendlichen Diskussionen, die niemals zu einem Ergebnis führen. Mal geht es um den Dienstplan, mal um die Kaffeemaschine, mal um die Temperatur im Schwesternzimmer oder die rätselhafte Frage, wer eigentlich die Handschuhe so schnell verbraucht. Jeder hat eine Meinung, keiner will nachgeben, und so kreist man ewig im Kreis. Besonders nervig ist es, wenn solche Runden genau dann stattfinden, wenn eigentlich alle längst weiterarbeiten müssten. Da stehen Kollegen Schulter an Schulter, gestikulieren wild, wiederholen dieselben Argumente und übertönen sogar die Telefone, die im Hintergrund verzweifelt klingeln.

Nach zwanzig Minuten nickt man sich zu, als sei ein Entschluss gefallen – doch am nächsten Tag geht alles wieder von vorne los. Manchmal fragst du dich, ob diese Diskussionen nicht heimlich eine Art Gruppentherapie sind. Vielleicht geht es gar nicht ums Ergebnis, sondern darum, Dampf abzulassen und Frust in Worte zu verwandeln. Am Ende bleibt dir nur die Erkenntnis: Diskussionen sind kein Werkzeug zur Problemlösung, sondern eine Form von Teamsport – leider ohne Kalorienverbrauch und garantiert ohne Sieger.

ÄRZTE, BÜROKRATIE & ANDERE KATASTROPHEN

Wenn die Arzt-Handschrift wie ein antikes Rätsel wirkt und die Visite länger dauert als jede Netflix-Serie, weißt du: Willkommen in diesem Kapitel. Dazu stapeln sich Formulare, die angeblich wichtig sind, aber niemand je wieder liest. Und immer dann, wenn du denkst, es sei genug, taucht ein neues Dokument wie aus dem Nichts auf. Kurz: Hier geht es um alles, was sich mit einem Lächeln als „Organisation" tarnt – in Wahrheit aber den Wahnsinn perfekt macht.

41

DIE HIEROGLYPHEN DES ARZTES

Es gibt viele Mysterien im Krankenhaus, doch keines ist so hartnäckig wie die Handschrift der Ärzte. Kaum liegt ein frisch ausgefülltes Rezept oder eine Anordnung auf deinem Tisch, beginnt die Schnitzeljagd. Du hältst das Blatt ins Licht, drehst es, fragst Kollegen – nichts hilft. Jeder hat eine eigene Theorie: „Sieht aus wie Paracetamol", „Nein, das ist bestimmt ein Antibiotikum" oder „Das könnte auch der Name des Hundes sein." Besonders spannend wird es, wenn der Arzt selbst später bestreitet, das überhaupt geschrieben zu haben.

Während du innerlich verzweifelst, fragst du dich, ob die medizinische Fakultät im ersten Semester heimlich Kalligraphie in Geheimsprache lehrt. Irgendwann greifst du zum Telefon, rufst nach und hoffst auf Aufklärung, doch oft lautet die Antwort nur: „Steht doch ganz deutlich da." Klar, deutlich wie ein Tintenklecks im Sturm. Am Ende bleibt dir nur schwarzer Humor: Die wahre Kunst der Pflege besteht nicht im Infusion legen, sondern im Entziffern ärztlicher Rätsel, die locker in jedem Escape Room Karriere machen könnten.

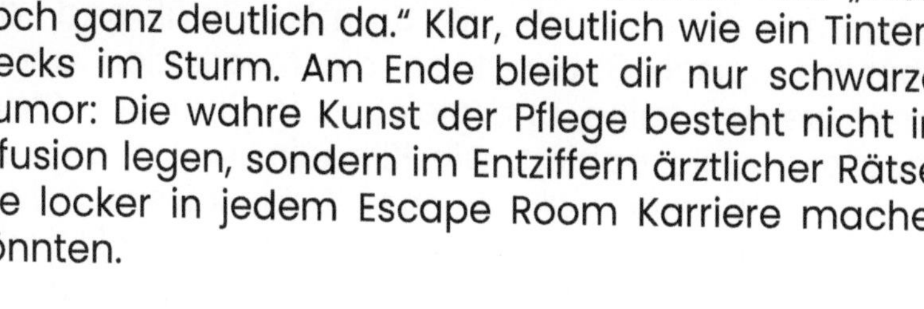

42

DIE ENDLOSE VISITE

Visiten sind eine Mischung aus Prozession, Theatervorstellung und Geduldsprobe. Der Arzt schreitet feierlich voraus, gefolgt von einer Schar Studierender, Praktikanten und Assistenzärzte, die alle mehr Platz beanspruchen, als das Zimmer bietet. Du stehst daneben, versuchst mitzuschreiben, während gleichzeitig Fragen auf dich einprasseln: „Wie war der Blutdruck gestern?“, „Wann wurde zuletzt gewogen?“, „Haben wir die Labore schon?“ Natürlich sind die Akten, die du gerade brauchst, immer im Schrank ganz unten, während über deinem Kopf bereits die nächste Frage hängt. Besonders spannend ist es, wenn du nebenbei auch noch als Dolmetscherin für den Patienten einspringen musst, weil der Arzt zwar eloquent Lateinisch spricht, aber kein Mensch ihn versteht.

Minuten dehnen sich zu Stunden, während der Oberarzt episch überlegt, ob die Medikation angepasst werden sollte, und gleichzeitig über den Stationsalltag philosophiert. Die Klingeln im Hintergrund sorgen für eine akustische Dauerkulisse, doch niemand scheint es zu hören. Am Ende nickt jeder wichtig, du bleibst mit seitenlangen Notizen zurück, und niemand weiß genau, was wirklich beschlossen wurde. Visite ist weniger medizinische Routine als eine unendliche Netflix-Serie – ohne Untertitel, aber mit garantiertem Cliffhanger.

FORMULARFLUT

Bürokratie ist im Dienstalltag wie ein zweiter Patient: immer da, immer fordernd, immer anstrengend. Kaum hast du ein Formular ausgefüllt, taucht das nächste auf. Anträge, Verlaufsbögen, Checklisten – du versinkst in Papier, während im Hintergrund Monitore piepen. Besonders spannend ist es, wenn du dir sicher bist, etwas schon dreimal dokumentiert zu haben, aber trotzdem noch eine weitere Liste brauchst, die exakt dasselbe abfragt. Manche Dokumente wollen Unterschriften in dreifacher Ausfertigung, andere brauchen Stempel, die gerade niemand findet. Manche Kollegen entwickeln regelrechte Ablagestrategien: links ausfüllen, rechts ablegen, in der Mitte tief durchatmen.

Doch egal wie viele Stapel du schiebst – am Ende wächst der Papierberg unaufhaltsam weiter. Ironisch ist, dass kaum jemand diese Zettel je wieder liest, außer du selbst, wenn du nachts verzweifelt einen Wert suchst. Dann blätterst du durch einen Wust aus Papier, der dicker ist als die Bibel. Am Ende bleibt dir nur der Gedanke: Bürokratie heilt niemanden, doch sie hat ein Eigenleben, das jede Station zuverlässig lähmt – und dich endgültig zum Aktenverwalter in Kasack degradiert.

DER SPONTANE KONSILMARATHON

Ärzte lieben Konsile, besonders wenn sie sie spontan ansetzen. Plötzlich steht ein ganzes Team fremder Fachrichtungen im Flur, alle reden durcheinander, jeder stellt Fragen, und du versuchst gleichzeitig, Patienten zu beruhigen und Unterlagen bereitzuhalten. Währenddessen diskutieren die Fachärzte lautstark, ob etwas „sofort" oder „morgen früh" erledigt werden muss, und du bist das unfreiwillige Bindeglied zwischen zehn unterschiedlichen Meinungen. Besonders schön ist es, wenn sich die Diskussion so lange hinzieht, dass der Patient längst eingeschlafen ist, während um ihn herum eine hitzige Konferenz tobt.

Du selbst kämpfst mit dem Gedanken, dich leise davonzuschleichen, doch natürlich bleibst du professionell und nickst tapfer. Nach einer halben Stunde ist der Flur blockiert, die halbe Station steht still, und du fragst dich, ob es nicht sinnvoller wäre, gleich ein Theaterstück daraus zu machen. Am Ende sind alle zufrieden, nur du hast einen Zettel voller Widersprüche, die dich den Rest des Tages beschäftigen. Konsile sind damit weniger fachliche Unterstützung als ein kleiner Flashmob in Weiß, der jede Routine zuverlässig sprengt.

DER STEMPEL-FETISCH

Manche Ärzte lieben Stempel mehr als Diagnosen. Kaum eine Akte bleibt verschont, alles wird gestempelt: eingesehen, bestätigt, kontrolliert, abgesegnet. Manchmal sogar doppelt, falls die Tinte nicht kräftig genug war. Du blätterst durch Seiten, die aussehen wie amtliche Urkunden, und fragst dich, ob der Kollege heimlich für ein Postamt übt. Besonders absurd ist es, wenn mitten auf einem völlig irrelevanten Zettel ein knallroter Stempel prangt, als wäre er das Siegel der Königin. Noch schöner: wenn mehrere Ärzte dasselbe Blatt nacheinander stempeln, bis kein Platz mehr bleibt.

Natürlich musst du alles abheften, sortieren, weitergeben – und verlierst dabei wertvolle Minuten, die du dringend für Patienten bräuchtest. Am Ende sitzt du mit einem Stapel Papier da, der so offiziell aussieht, dass er problemlos als Gesetzesvorlage durchgehen könnte. Und während der Arzt zufrieden in die nächste Runde zieht, fragst du dich, warum Stempel nicht längst als eigenständige Therapieform gelten. Die Erkenntnis: Manche sammeln Briefmarken, andere Diagnosen – und wieder andere stempeln sich durchs Leben.

DIE TELEFON-ORGIE

Stationstelefone haben eine eigene Persönlichkeit: Sie klingeln immer gleichzeitig. Kaum hebst du den Hörer ab, klingelt das zweite. Legst du auf, meldet sich das dritte. Besonders schön ist es, wenn sich niemand sonst zuständig fühlt und du gleichzeitig mit einem Arzt, der Verwaltung und einem verirrten Angehörigen sprichst, der eigentlich zum Blumenladen wollte. Währenddessen schrillt es weiter, bis du das Gefühl hast, in einem Callcenter statt in einem Krankenhaus oder einer Pflegeeinrichtung zu arbeiten. Manchmal überlegst du, ob die Telefone absichtlich koordiniert sind, um deine Nerven systematisch zu zerstören.

Und jedes Gespräch dauert länger, als du ertragen kannst: Ärzte fragen nach Laborwerten, Angehörige wollen stündliche Updates, und die Verwaltung hat natürlich noch ein Formular, das dringend heute ausgefüllt werden muss. Am Ende legst du erschöpft auf, nur um sofort wieder ein Klingeln zu hören. Telefonieren auf Station ist keine Tätigkeit, sondern ein Ausdauersport. Wer überlebt, braucht keine Marathonmedaille – er hat den echten Nervenpreis verdient.

47

DER AKTENBERG

Papierstapel haben die Angewohnheit, sich unkontrolliert zu vermehren. Morgens ist der Schreibtisch noch halbwegs frei, doch kaum beginnt der Tag, wachsen darauf neue Formulare, Kurven, Anordnungen und Verlaufsbögen, bis sich ein Hochgebirge auftürmt. Jeder legt brav neue Blätter oben drauf, niemand nimmt etwas weg. Besonders bitter ist es, wenn ein Arzt nach einer ganz bestimmten Seite fragt – und du weißt sofort: Sie liegt garantiert ganz unten. Also wühlst du dich durch die Papiermassen, während neben dir schon wieder jemand neues Material ablegt.

Du schwitzt, deine Hände kleben an Kopien, und innerlich hörst du das Echo eines Bergsteigers: „Es ist noch ein weiter Weg bis zum Gipfel." Zwischendurch fragst du dich, ob jemals jemand diesen gesamten Stapel liest oder ob er nur als Dekoration dient. Wahrscheinlich nicht. Am Ende bleibt dir nichts anderes übrig, als weiterzuschichten und zu hoffen, dass dich der Aktenberg nicht eines Tages verschluckt. Und wenn doch, wirst du vermutlich erst Wochen später wiedergefunden – zwischen Seite 327 und 328, sauber abgeheftet.

DER ARZT-MYTHOS

Manche Ärzte wirken mehr wie Figuren aus einer Saga als wie reale Menschen. Sie erscheinen selten, meist überraschend, und wenn sie dann auftreten, herrscht plötzlich andächtige Stille. Patienten blicken ehrfürchtig, Kollegen flüstern, und du selbst fragst dich, ob gleich eine göttliche Offenbarung kommt. Meist dauert der Auftritt nur wenige Minuten, gerade lang genug für kryptische Anweisungen, die mehr Fragen hinterlassen als Antworten. Du rennst los, versuchst, die Botschaft zu entschlüsseln, doch er ist längst verschwunden – vielleicht ins nächste Reich der Unerreichbaren.

Besonders komisch ist es, wenn er am nächsten Tag behauptet, so etwas nie gesagt zu haben. Dann steht ihr da, alle mit euren Notizen, und niemand weiß, was nun gilt. Irgendwann beginnst du ernsthaft zu zweifeln, ob er wirklich existiert oder ob sich das gesamte Team ihn nur kollektiv einbildet. Am Ende bleibt dir nur die Erkenntnis: Manche Ärzte sind keine Kollegen aus Fleisch und Blut, sondern wandelnde Legenden, die auftauchen, verschwinden und Spuren hinterlassen wie Fata Morganas im Stationsalltag.

DAS DRUCKERDRAMA

Drucker sind keine Geräte, sondern eigenwillige Wesen mit Persönlichkeit. Kaum brauchst du dringend einen Ausdruck, verweigern sie den Dienst mit der Fehlermeldung „Papierstau“. Hast du den beseitigt, ist plötzlich die Tinte leer. Wechselst du die Patrone, behaupten sie, sie sei „nicht kompatibel“. Besonders schön ist es, wenn das Gerät beschließt, mitten in der Nacht komplett zu streiken – genau dann, wenn du allein bist und dringend Unterlagen brauchst. Du redest beruhigend auf ihn ein, klopfst sanft dagegen, ziehst Schubladen auf und zu, und manchmal funktioniert er dann wieder, als wolle er dich nur demütigen.

Natürlich taucht der Techniker nie dann auf, wenn man ihn braucht. Tagsüber, wenn alles läuft, steht er plötzlich vor dir, prüft einwandfreie Ausdrucke und zuckt die Schultern. Am Ende sitzt du mit einem Stapel unerledigter Zettel da, während der Drucker beleidigt schweigt. Maschinen sollen eigentlich Arbeit erleichtern, doch dieser Drucker ist eher ein bockiges Haustier, das jeden Dienst zu seiner persönlichen Bühne macht.

DIE PARALLELWELT VERWALTUNG

Während du auf Station zwischen Patienten, Klingeln und Papierbergen jonglierst, sitzt die Verwaltung in einem Paralleluniversum. Dort herrscht eine ganz eigene Zeitrechnung: Fristen von drei Tagen gelten als „sofort", ein Rückruf innerhalb einer Woche als außergewöhnlich schnell. Rufst du dort an, um dringend etwas zu klären, erhältst du meist die Antwort: „Da müssen wir erst einen Antrag stellen." Natürlich auf dem Formular, das es gerade nicht gibt. Während du schwitzt, telefonierst und versuchst, den Alltag am Laufen zu halten, tagt die Verwaltung in endlosen Sitzungen über Dinge, die auf Station völlig nebensächlich wirken.

Besonders absurd ist es, wenn nach Wochen ein Schreiben eintrifft, das dein ursprüngliches Problem längst überholt hat. Manchmal hast du das Gefühl, Verwaltung und Pflege existieren in zwei verschiedenen Dimensionen, die nur zufällig denselben Gebäudekomplex teilen. Am Ende bleibt die bittere Erkenntnis: Patienten werden von dir versorgt – aber Akten, die leben in der Verwaltung, wo die Zeit immer ein wenig langsamer vergeht.

PROTOKOLL: EIN NORMALER WAHNSINNSTAG

Datum: ____________________ (falls du das noch weißt)

Uhrzeit des ersten Nervenzusammenbruchs: ____________________

Gesamtstimmung der Station heute:

- ☐ Mehr Chaos als im Lager
- ☐ Alle müde, aber keiner gibt's zu
- ☐ Kaffeepegel kritisch niedrig
- ☐ Dauer-Klingel-Disco
- ☐ Mehr Augenrollen als Worte
- ☐ ____________________

Highlight des Tages:

____

____

____

Was ich am liebste gemacht hätte:

Dein Tag als Buchtitel:

____

51

DER STATIONS-STAU

Es gibt Momente, da verwandelt sich der Stationsflur in eine Art Rush Hour. Ein Arzt steht mitten im Weg und diktiert Anordnungen, zwei Betten werden gleichzeitig geschoben, eine Angehörigengruppe diskutiert lautstark, während du mit Tabletts voller Medikamente versuchst, dich dazwischen durchzuschlängeln. Hinter dir wartet schon der nächste Kollege mit einem Putzwagen, daneben balanciert jemand Akten und Infusionen. Jeder will durch, niemand weicht aus. Besonders schön ist es, wenn mitten im Chaos auch noch der Hausmeister auftaucht, um eine defekte Lampe zu reparieren.

Du stehst da, eingeklemmt wie in einem Verkehrsstau, während von allen Seiten „Entschuldigung, darf ich mal kurz vorbei?" ertönt. Nur dass hier niemand wirklich vorbeikommt. Manchmal denkst du, man müsste Ampeln installieren: Rot für Ärzte, Grün für Pflege, Gelb für Angehörige. Doch stattdessen bleibt dir nur die Geduld – oder der verzweifelte Versuch, dich seitlich durchzuschieben. Am Ende erreichst du erschöpft dein Ziel, mit dem Gefühl, einen Hindernislauf gewonnen zu haben. Und die Erkenntnis: Pflege ist nicht nur ein Beruf, sondern auch ein Hochleistungssport in beengten Gängen.

DIE RÜCKFRAGE-ORGIE

Manche Ärzte haben ein besonderes Talent: Sie stellen Fragen, die niemand sofort beantworten kann. „Wie war der Kaliumwert vor einer Woche?“, „Wann hat der Patient zuletzt normal gegessen?“, „Wie hoch war das Gewicht im April?“ Während du noch die erste Frage im Kopf sortierst, prasselt bereits die nächste auf dich ein. Du blätterst in Akten, suchst in Verlaufsbögen und hoffst, dass deine Geduld länger hält als die Liste. Besonders herrlich ist es, wenn der Arzt am Ende selbst nicht mehr weiß, warum er die Frage gestellt hat.

Du triumphierst nach zehn Minuten Suche mit einem Wert, nur damit er sagt: „Ach so, egal.“ In diesem Moment könntest du die Akte an die Wand werfen, aber du bleibst professionell. Am Ende sitzt du da mit einem Stapel offener Fragen und dem Gefühl, an einem Quiz teilgenommen zu haben, bei dem die Antworten nie zählen. Rückfrage-Orgie bedeutet nicht medizinische Präzision, sondern Geduldsprobe in Dauerschleife. Und manchmal denkst du, Hellseherin wäre die stressfreiere Berufswahl gewesen.

53

DIE JAGD NACH DER AKTE

Nichts verschwindet so zuverlässig wie die eine Akte, die du gerade dringend brauchst. Du suchst im Büro, im Schrank, im Aufenthaltsraum, unter Ablagen, hinter Monitoren – doch sie bleibt verschwunden. Besonders peinlich ist es, wenn der Arzt währenddessen ungeduldig wartet und dich mit Blicken durchbohrt, als hättest du die Unterlagen absichtlich versteckt. Nach zehn Minuten suchst du schon im Kühlschrank, einfach weil nichts mehr unmöglich scheint. Schließlich taucht die Akte dort auf, wo sie garantiert nicht hingehört: zwischen Zeitschriften, unter Kaffeetassen oder dekorativ auf einer Fensterbank.

Du atmest auf, überreichst sie triumphierend – nur um zu hören: „Ach, das brauchen wir gar nicht mehr." In solchen Momenten wächst in dir das sichere Gefühl, dass Akten ein Eigenleben führen. Vielleicht veranstalten sie nachts heimlich Versteckspiele. Am Ende bleibt dir nur Galgenhumor: Die wahre Schatzsuche findet nicht im Dschungel statt, sondern zwischen Aktenschränken, Papierstapeln und dem Chaos der Station. Finderlohn? Ein genervter Blick und die Gewissheit, es bald wieder durchmachen zu dürfen.

DER FACHCHINESISCH-MARATHON

54

Manche Ärzte sprechen eine Sprache, die irgendwo zwischen Latein, Griechisch und Geheimcode liegt. Für Patienten klingt es nach Zauberspruch, für dich nach einem endlosen Marathon im Kopf. Während du versuchst, die Begriffe zu dechiffrieren, nicken alle Anwesenden wichtig, als sei alles völlig klar. Besonders skurril ist es, wenn derselbe Arzt sich dann zum Patienten wendet und sagt: „Also, alles halb so wild." Du fragst dich, wie aus einer halben Enzyklopädie in einer Minute plötzlich eine harmlose Diagnose werden konnte.

Natürlich notierst du alles pflichtbewusst, auch wenn du später bei der Dokumentation die Hälfte mühsam nachschlagen musst. Manchmal denkst du, die Ärzte hätten einen geheimen Wettbewerb: Wer schafft es, die meisten Fremdwörter in einen einzigen Satz zu packen? Am Ende bleibt dir nur die Erkenntnis: Fachsprache ist nicht dafür gedacht, verstanden zu werden, sondern um Pflegende zuverlässig in den Wahnsinn zu treiben – und gleichzeitig Patienten den Eindruck zu vermitteln, sie seien in einer Mischung aus Hogwarts und Hightech-Klinik gelandet.

55

DIE GROSSE STATIONSRUNDE

Manchmal beschließt ein Arzt, die gesamte Station in einem einzigen Galopp abzuarbeiten. Mit schnellen Schritten stürmt er von Zimmer zu Zimmer, während du keuchend hinterherläufst, versuchst mitzuschreiben und gleichzeitig Infusionen, Klingeln und Fragen jonglierst. Anordnungen fliegen dir entgegen, Kommentare ebenfalls, und du hast kaum Zeit, einen Satz zu Ende zu bringen. Besonders komisch ist es, wenn er das Tempo immer weiter steigert, als trainiere er heimlich für den Marathon. Patienten schauen irritiert, weil niemand versteht, warum der Arzt schneller durch die Räume fegt als der Paketbote beim Weihnachtsgeschäft.

Am Ende bist du völlig außer Atem, die Notizen sehen aus wie Hieroglyphen, und du fragst dich, ob du gerade einen Dienst oder ein Bootcamp absolviert hast. Der Arzt wirkt danach frisch und voller Energie, während du dich innerlich nach Sauerstoffzelten sehnst. Am Ende bleibt dir nur die Erkenntnis: Medizin ist hier Nebensache – das eigentliche Training heißt Konditionstest. Und bestanden hast du nur, wenn du am Ende noch aufrecht gehen kannst.

DER DOPPELAUFTRAG

Ärzte haben ein besonderes Talent: Sie geben dir nie nur eine Aufgabe, sondern gleich zwei oder drei – gleichzeitig, sofort und mit Dringlichkeitsstufe „gestern". „Bringen Sie bitte die Laborwerte, und gleichzeitig schauen Sie nach der Medikation in Zimmer 12. Ach, und organisieren Sie noch eben ein EKG." Während du dich umdrehst, fällt die nächste Anweisung schon hinterher. Du rennst los, der Kopf rotiert, die Reihenfolge verschwimmt, und am Ende weißt du nicht mehr, ob du gerade Werte, Medikamente oder ein Gerät in der Hand hältst. Besonders schön ist es, wenn nach zehn Minuten alles erledigt ist – und der Arzt trocken sagt: „Ach, das war nicht so eilig."

In diesen Momenten fragst du dich, ob du nicht heimlich als Octopus mit acht Armen geboren wurdest. Am Ende bleibst du zurück mit dem Gefühl, eine halbe Staffel „Ninja Warrior" absolviert zu haben. Und die Erkenntnis: In der Pflege sind Doppelaufträge Standard, nur dass man immer das Gefühl hat, drei Leben gleichzeitig zu führen.

57

DER UNAUFFINDBARE OBERARZT

Es gibt Wesen im Krankenhaus, die noch seltener gesichtet werden als Einhörner – Oberärzte. Wenn du sie dringend brauchst, sind sie garantiert gerade in einer Besprechung, auf einem Konsil oder im Auto unterwegs. Niemand weiß genau, wo sie sich befinden, und alle verweisen auf jemanden anders. Besonders bitter ist es, wenn du mit wichtigen Fragen allein dastehst, während im Hintergrund Patienten und Kollegen warten. Du telefonierst, fragst herum, rennst durch Flure – nichts. Dann, völlig unerwartet, steht er plötzlich vor dir, ganz entspannt, als wäre er nie weg gewesen.

Natürlich spricht er kryptische Anweisungen, verschwindet wieder, und du bleibst ratlos zurück. Manchmal fragst du dich, ob er nicht in einem geheimen Raum schläft, zu dem nur Oberärzte Zutritt haben. Am Ende bleibt dir nur Galgenhumor: Der unauffindbare Oberarzt ist kein Mensch, sondern eine Erscheinung – er taucht nur dann auf, wenn er es für richtig hält, nie wenn du ihn wirklich brauchst.

58

DIE TO-DO-EXPLOSION

Manchmal reicht ein einziger Arztbrief, und deine gesamte Schicht implodiert. Kaum liest du die neue Anordnung, explodiert deine To-do-Liste in alle Richtungen: Medikamente ändern, Blut abnehmen, Transport anmelden, Angehörige informieren, Vitalwerte kontrollieren, und nebenbei noch einen Aufklärungsbogen ausfüllen. Alles muss sofort passieren, gleichzeitig, und selbstverständlich perfekt. Während du schon den ersten Auftrag abarbeitest, stolpert der Arzt zurück und ergänzt beiläufig: „Ach, machen Sie bitte auch noch ein EKG." Natürlich sofort.

Du jonglierst Aufgaben, während Telefone klingeln, Patienten rufen und Kollegen auf Hilfe warten. Besonders bitter ist es, wenn zwischendurch jemand freundlich fragt, ob du kurz Zeit für etwas „Kleines" hast. Natürlich hast du keine, aber du sagst trotzdem ja, weil man sonst einfach nicht durchkommt. Am Ende deines Dienstes bist du zehn Kilometer gelaufen, hast drei Listen abgearbeitet und trotzdem das Gefühl, nicht alles geschafft zu haben. Die To-do-Explosion ist kein einzelner Auftrag, sondern eine nukleare Kettenreaktion. Und manchmal denkst du, man sollte die Station ehrlicherweise nicht mehr Krankenhaus nennen, sondern Hochsicherheitsreaktor.

DIE STATISTIK-FALLE

Bürokratie liebt Zahlen – und du bist die Leidtragende. Kaum hast du eine Statistik fertig, kommt schon die nächste Anfrage: Liegedauer, Diagnosen, Pflegegrade, Medikamentengaben, am besten alles sofort und mehrfach abgesichert. Du klickst dich durch endlose Tabellen, vergleichst alte Listen, suchst Werte in Kurven, während im Hintergrund die Telefone klingeln und Patienten läuten. Besonders absurd ist es, wenn du nach Stunden alles fertig hast – und die Statistik am Ende in einer Schublade verschwindet, die nie wieder jemand öffnet.

Niemandem hat es geholfen, außer vielleicht der Verwaltung, die eine weitere Zahl für ihren Bericht hat. Manchmal fragst du dich, ob Patienten überhaupt existieren oder nur Vorwand sind, um neue Tabellen zu erschaffen. Besonders bitter: Am nächsten Tag beginnt alles von vorn, nur mit leicht verändertem Formular. Du hast das Gefühl, im Kreis zu laufen, während sich die Papierberge stapeln. Am Ende bleibt dir nur die Erkenntnis: Statistiken sind kleine Bürokratiemonster, die nicht satt werden. Sie fressen deine Zeit, rauben deine Energie und lassen dich mit Kopfschmerzen zurück – garantiert jedes Mal.

60

DER ARZT OHNE UHR

Manche Ärzte leben in einer völlig eigenen Zeitzone. Während du dich streng nach Minuten, Stunden und Pausen richtest, taucht er auf und sagt mit ernster Miene: „Das machen wir gleich noch." Gleich bedeutet in seiner Welt: irgendwann zwischen jetzt und Mitternacht. Du verschiebst Termine, organisierst alles um, wartest – und er sitzt entspannt da, beginnt noch eine Diskussion oder hält einen Monolog über Therapien. Besonders bitter ist es, wenn du längst Feierabend hättest, aber seine Definition von „gleich" verhindert, dass du gehst.

Während du innerlich schon deine Schuhe ausziehst, überlegt er, ob man vielleicht noch ein Blutbild anfordert. Ärzte tragen Uhren, doch sie benutzen sie nicht. In ihrer Welt ist Zeit dehnbar, ein vager Zustand, während du im Schichtsystem nach Sekunden lebst. Am Ende gehst du übermüdet nach Hause, viel später als geplant, und weißt: Der Arzt ohne Uhr kostet dich jedes Mal Nerven, Kraft und wertvolle Lebenszeit. Seine Gelassenheit bedeutet für dich nur eins – Überstunden.

NACHTSCHICHTEN, PAUSEN & KAFFEE

In der Nacht verschwimmen Realität und Paralleluniversum. Drei Uhr morgens ist keine Uhrzeit, sondern ein Zustand. Pausen sind eher Mythen als Realität, und Kaffee ist längst keine Droge mehr, sondern Grundnahrungsmittel. Kalter Kaffee, abgestandener Kaffee, sogar Instant-Kaffee – alles wird dankbar angenommen, solange er dich irgendwie wachhält. Hier dreht sich alles um den speziellen Humor, der nachts entsteht, und den sektenähnlichen Zusammenhalt am Automaten.

61

DREI-UHR-MAGIE

Nachtschichten haben ihre ganz eigene Uhrzeit: drei Uhr morgens. Da draußen schläft die Welt, doch auf Station beginnt die Realität zu verschwimmen. Dein Körper schreit nach Bett, dein Gehirn fühlt sich an wie Pudding, und trotzdem rennst du durch den Flur, als sei alles völlig normal. Um diese Uhrzeit passieren die absurdesten Dinge: Patienten wollen plötzlich duschen, Angehörige rufen mit dringenden Fragen an, und irgendein Gerät entscheidet, just in diesem Moment einen Fehlalarm auszuspucken. Gleichzeitig kicherst du mit Kollegen über Witze, die tagsüber niemals lustig wären, aber nachts zu Tränen führen.

Drei Uhr ist nicht einfach eine Uhrzeit, sondern ein Zustand zwischen Wachen und Träumen, in dem alles irgendwie unwirklich wirkt. Manchmal stehst du da, Thermobecher in der Hand, starrst ins Leere und fragst dich, ob du schon halluzinierst oder ob der Kollege wirklich gerade mit der Infusionsstange getanzt hat. Am Ende weißt du: Drei Uhr morgens ist nicht besiegbar. Man übersteht sie nur – mit Kaffee und Galgenhumor.

62

KALTER KAFFEE

Kaffee ist im Stationsalltag keine Droge, sondern das Fundament des gesamten Betriebs. Warm ist er ein Geschenk, kalt ein unvermeidlicher Begleiter. Kaum hast du dir eine Tasse eingeschenkt, klingelt es. Du stellst sie ab, rennst los, kommst zurück – und der Kaffee ist kalt. Wieder und wieder. Irgendwann gewöhnst du dich daran, dass er nie heiß ist. Manche Kollegen behaupten sogar, sie schmecken Unterschiede: frischer Kaltkaffee, abgestandener Kaltkaffee, mit Milch noch schlimmerer Kaltkaffee. Besonders bitter ist es, wenn du den Becher verzweifelt in der Mikrowelle aufwärmst, nur um im nächsten Moment erneut gerufen zu werden. Trotzdem trinkst du ihn.

Denn auf Station ist kalter Kaffee kein Makel, sondern ein Lebenselixier. Du denkst nicht mehr über Geschmack nach, sondern nur noch über Koffein. Manchmal überlegst du, ob man gleich kalten Kaffee in Kanistern abfüllen sollte – das wäre ehrlicher. Denn die Wahrheit ist: Pflegekräfte trinken Kaffee nicht wegen des Aromas, sondern weil ohne ihn längst niemand mehr laufen würde.

DIE PHANTOM-PAUSE

Pausen sind im Schichtdienst wie Einhörner: Jeder redet davon, doch kaum jemand hat je eine gesehen. Du planst sie dir fest ein, träumst von einem Brötchen, vielleicht sogar fünf Minuten Ruhe. Kaum setzt du dich, klingelt es. Du rennst los, kommst zurück, dein Kaffee ist kalt und das Brötchen halb verschwunden, weil ein Kollege „nur kurz" zugelangt hat. Besonders gemein ist es, wenn andere behaupten, sie hätten längst Pause gemacht, während du dich fragst, in welcher Dimension das möglich war.

Am Ende nimmst du einen schnellen Bissen im Stehen, zwischen zwei Aufgaben, während du versuchst, nicht zu kleckern. Pausen sind kein Recht, sie sind ein Glücksspiel. Und wer eine erwischt, gehört zu den Glücklichen. Die meisten kennen nur die Phantom-Version: angekündigt, ersehnt, und doch nie richtig da. Manchmal fragst du dich, ob die Pausenzeit nicht besser aus den Dienstplänen gestrichen werden sollte. Denn so wirkt es ehrlicher – keiner glaubt mehr an Pausen, aber alle hoffen heimlich trotzdem.

DER AUTOMATEN-KULT

Jede Station hat ihn: den Kaffeeautomaten, Mittelpunkt allen Lebens und heimlichen Herrscher über das Team. Er röchelt, spuckt, tropft und klingt, als würde er jeden Moment auseinanderfallen. Trotzdem steht das Personal ehrfürchtig davor, als handle es sich um einen Altar. Jeder hat seine eigene Ritualfolge: zwei Mal drücken, erst Milch, dann Zucker, dann umrühren, und wehe jemand macht es anders – sofort folgt ein Vortrag über die einzig richtige Reihenfolge. Besonders herrlich ist es, wenn das Gerät mitten in der Nacht „außer Betrieb“ anzeigt und sofort Panik ausbricht.

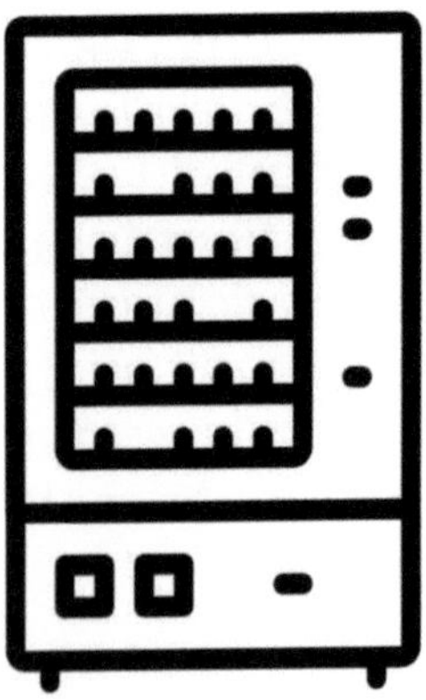

Kollegen starren entsetzt auf das Display, als sei gerade das Herzmonitor-Signal ausgefallen. Manche würden in diesem Moment ernsthaft erwägen, den Techniker aus dem Schlaf zu klingeln, nur um wieder Koffein zu bekommen. Der Automat ist kein Gerät, er ist ein launischer Gott: unberechenbar, oft mürrisch, aber unverzichtbar. Fällt er aus, steht die Station kurz vor dem Untergang. Am Ende weiß jeder: Solange er röchelt, läuft die Schicht. Ohne ihn wird aus Nachtdienst ein Überlebenskampf. Kaffeeautomat und Pflege – das ist eine Symbiose, stärker als jede Infusion.

65

DER SEKUNDENSCHLAF

Nachtschichten haben eine unsichtbare Waffe: den plötzlichen Sekundenschlaf. Eben noch warst du hellwach, dann merkst du, wie deine Augenlider schwer werden, dein Kopf langsam nach vorne kippt, und im nächsten Moment schreckt dich ein ruckartiges Aufwachen hoch. Besonders heimtückisch ist es, wenn du in der Dokumentation sitzt: Deine Schrift verwandelt sich in unlesbare Zickzacklinien, die aussehen, als hätte ein Kleinkind mitgeschrieben. Kollegen lachen später, wie du angeblich minutenlang weg warst, während du schwörst, dass du nur „kurz nachgedacht" hast.

Manchmal kämpfst du mit allen Mitteln: kaltes Wasser ins Gesicht, tiefe Atemzüge, noch mehr Kaffee. Andere gehen den Weg der Bewegungstherapie – kleine Tänze auf dem Flur oder unnötige Wege durchs Stationszimmer. Doch irgendwann erwischt es jeden, egal wie sehr er sich wehrt. Am Ende des Nachtdienstes fragst du dich, wie du überhaupt überlebt hast, und bist stolz auf jede wache Minute. Denn der eigentliche Gegner ist nicht der Patient, sondern deine eigene Müdigkeit – und sie kennt keine Gnade.

66

DER MITTERNACHTS-HUNGER

Nachtschichten haben ein eingebautes Ritual: Irgendwann kommt der große Hunger. Egal, wie viel du vorher gegessen hast – gegen Mitternacht meldet sich der Magen und verlangt nach etwas Deftigem, Salzigem, am besten Frittiertem. Plötzlich taucht das Bild einer Pizza auf, knusprig und heiß, oder ein Döner mit extra Soße, und der Gedanke daran lässt dich durch den Flur schweben wie in einem Werbespot. Kollegen holen Tupperdosen mit geheimen Mitternachtsschätzen hervor, und der Duft verbreitet sich wie eine Folter durch die Luft. Besonders grausam ist es, wenn jemand sich ein kaltes Nudelgericht gönnt, das nach Luxusurlaub riecht, während du nur einen einsamen Keks in deiner Tasche findest.

Die Diskussion über Lieferdienste beginnt regelmäßig, endet aber immer damit, dass niemand Zeit hat, das Essen entgegenzunehmen. Also sitzt ihr zusammen über einer halben Packung Gummibärchen, teilt sie gerecht und tut so, als sei das ein Festmahl. Am Ende weißt du: Mitternachtshunger ist stärker als Müdigkeit, und keine Station der Welt hat genug Schokolade, um ihn zu stillen.

DER GERÄUSCH-OVERKILL

Nachts sollte es still sein, doch genau dann scheint jedes Gerät beschlossen zu haben, sein eigenes Konzert zu veranstalten. Monitore piepen im Takt, Infusionspumpen jammern mit nervigem Dauergeräusch, das Telefon meldet sich wie ein aufdringlicher Backgroundsänger, und irgendwo im Hintergrund startet ein Drucker plötzlich ohne Auftrag. Besonders schön ist es, wenn sich alles überlagert: schrilles Piepen, dumpfes Brummen, hektisches Klingeln – eine Kakophonie, die dich im Sekundentakt zur Weißglut bringt.

Du rennst von Gerät zu Gerät, schaltest Alarme stumm, kontrollierst Kabel, ziehst Stecker, drückst Knöpfe, doch das Chaos ebbt nie ganz ab. Nachts klingt die Station weniger nach einem Krankenhaus, sondern eher wie ein schlecht gestimmtes Orchester, bei dem jeder Instrumentalist sein eigenes Stück spielt. Manchmal fragst du dich, ob die Geräte sich heimlich absprechen, um dich in den Wahnsinn zu treiben. Am Ende bleibt nur Galgenhumor: Wer Nachtdienst macht, braucht keine Konzertkarten mehr – er lebt mitten in einer Sinfonie des Wahnsinns.

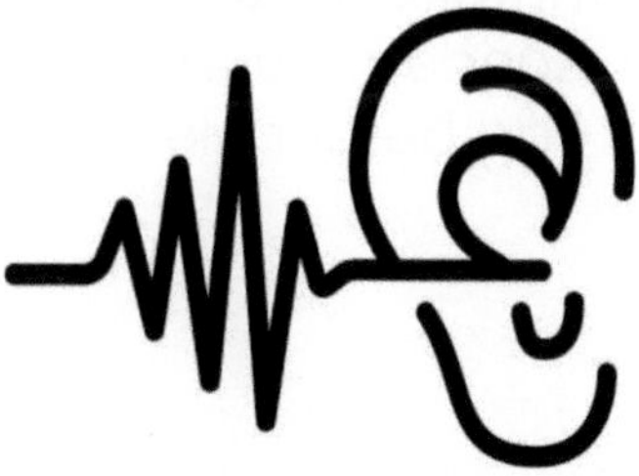

68

DER NACHTDIENST-FLURFUNK

Nachtdienste haben ihre ganz eigenen Regeln, und eine davon lautet: Irgendwann verwandelt sich die Station in ein Plauderparadies. Zwischen zwei Klingeln und einer halben Runde Vitalzeichen entfaltet sich im Flur ein Gespräch, das jeden Smalltalk-Weltrekord sprengen würde. Plötzlich wird leidenschaftlich über Urlaubsziele, Kochrezepte oder die besten Waschmittel diskutiert, während draußen irgendwo ein Monitor piept. Besonders herrlich ist es, wenn mehrere Kollegen gleichzeitig einsteigen und der Flur zur Bühne wird, auf der drei Gespräche parallel laufen – keiner hört dem anderen wirklich zu, aber alle reden begeistert. Patienten, die zufällig etwas mitbekommen, wirken verwirrt: „Ging es eben noch um Thailand oder um Lasagne?" Und du fragst dich, wie ein einfacher Satz über den Nachtdienstplan in eine Grundsatzdebatte über Sternzeichen und Staubsauger münden konnte.

Natürlich endet alles abrupt, sobald ein Arzt auftaucht oder eine Klingel ertönt. Dann löst sich der Flurfunk in Sekunden in Schweigen auf, als wäre nie etwas gewesen. Die Erkenntnis: Nachtschichten bringen nicht nur Müdigkeit, sondern auch Gesprächsdramen hervor, die man am Tag besser nie wieder erwähnt.

69

KOPFKINO UM DREI UHR MORGENS

Müdigkeit macht kreativ – und genau deshalb entstehen im Nachtdienst die absurdesten Kopfkinos. Während du durch den Flur läufst, stellst du dir vor, Infusionsständer seien heimliche Tänzer, die bei jedem Schritt synchron mitwippen. Piepsende Monitore mutieren in deiner Fantasie zu Morsezeichen, die geheime Botschaften senden. Kollegen lachen über Witze, die tagsüber niemals zünden würden, und du selbst kicherst über banale Kleinigkeiten, als hättest du ein Stand-up-Programm direkt im Ohr.

Besonders schön ist es, wenn alle gleichzeitig in dieses nächtliche Kopfkino eintauchen und sich gegenseitig mit noch verrückteren Ideen hochschaukeln. Dann wird aus einem piependen Gerät plötzlich ein Alien und aus einem Stapel Akten eine Schatzkarte. Manchmal fragst du dich ernsthaft, ob die Müdigkeit nicht heimlich ein Halluzinogen ist, das von der Kaffeemaschine über die Luft verteilt wird. Am Ende bleibt nur die Erkenntnis: Nachtschichten sind kein nüchterner Job, sondern eine Art Improvisationstheater im Halbschlaf – und genau das rettet dich davor, umzukippen.

70

DAS MORGENGRAUEN

Jede Nachtschicht endet mit dem gleichen Schauspiel: Das Morgengrauen bricht herein, und während draußen langsam die Sonne aufgeht, fühlst du dich wie ein Vampir auf Entzug. Dein Körper schreit nach Bett, doch gleichzeitig erwacht die Welt um dich herum. Ärzte erscheinen frisch geduscht, Kollegen aus dem Frühdienst strahlen mit ihrer ersten Tasse Kaffee, und du stehst daneben wie ein Zombie, der direkt aus einer Geisterbahn entlassen wurde. Besonders grausam ist es, wenn dich jemand fröhlich fragt: „Und, war's ruhig?" – ein Satz, der nach jeder Nachtschicht wie blanker Hohn klingt.

Du nickst, weil du zu müde zum Reden bist, übergibst deine Notizen, hoffst, dass sie jemand entziffern kann, und schleppst dich hinaus. Auf dem Heimweg kämpfst du gegen den Sekundenschlaf, träumst schon im Bus vom Kopfkissen und schwörst dir, niemals wieder eine Nacht zu übernehmen. Doch am Ende weißt du: Spätestens nächste Woche sitzt du wieder da. Denn das Morgengrauen ist unvermeidlich – und immer gnadenlos.

KAFFEE STATT KOLLAPS – MEIN SCHICHT-ÜBERLEBENSPLAN

Wenn heute alles eskaliert, tue ich:

....

....

Mein persönlicher Nachtschicht-Überlebens-Song:

....

Was mich für 5 Minuten wieder auf Normalpuls bringt:

....

Diese Person sollte mich heute besser NICHT nerven:

....

Sofortmaßnahme, wenn Arzt, Patient und Angehörige gleichzeitig was wollen:

....

Belohnung, die ich mir nach diesem Tag wirklich verdient habe:

....

DER KAFFEEMANGEL-NOTSTAND

Es gibt viele Katastrophen, doch keine löst so viel Panik aus wie leerer Kaffeevorrat. Besonders nachts, wenn Müdigkeit wie ein Betonklotz auf dir liegt, stehst du fassungslos vor einer leeren Kanne. Kollegen starren das Nichts an, als sei ein Meteorit eingeschlagen. Sofort beginnt hektische Suche: Gibt es irgendwo noch eine vergessene Packung Pulver? Hat jemand heimlich eine Reserve versteckt? Manchmal opfert sich ein Kollege heroisch, fährt mitten in der Nacht zur Tankstelle und kommt mit billigem Ersatz zurück, der plötzlich wie flüssiges Gold wirkt.

Bis dahin werden wilde Notlösungen diskutiert: Teebeutel zweckentfremden, Kakao ins heiße Wasser werfen oder die Reste aus der Filtertüte auskratzen. Besonders bitter ist es, wenn gleichzeitig der Automat streikt. Dann herrscht Ausnahmezustand, jeder Schritt wird schwerer, jeder Klingelton doppelt so nervig. Wenn endlich wieder Kaffee da ist, jubelt das Team, als hätte jemand Lotto gewonnen. Und die Erkenntnis: Kaffeemangel ist kein kleiner Luxusverlust, sondern die wahre Apokalypse im Nachtdienst – schlimmer als jedes piepende Gerät.

72

DAS STILLE BÜNDNIS

Nachts entsteht auf Station eine ganz besondere Form der Verbundenheit. Man arbeitet nicht einfach nebeneinander, sondern überlebt gemeinsam. Gespräche werden kürzer, Blicke reichen aus, um zu verstehen, was der andere denkt. Ein Stück Schokolade, das geteilt wird, fühlt sich wertvoller an als jede Gehaltserhöhung. Besonders magisch sind die Momente, wenn alle gleichzeitig in hysterisches Gelächter ausbrechen, weil ein banaler Satz plötzlich unfassbar komisch wirkt. Tagsüber würde niemand reagieren, nachts bricht eine Welle kollektiver Albernheit los, die jede Müdigkeit für Minuten vertreibt.

Manchmal reicht ein schiefer Blick oder ein schiefer Ton, und schon rollen Tränen vor Lachen. Dieses Bündnis ist stärker als jedes Seminar oder jede offizielle Teambuilding-Maßnahme. Kein Kurs kann das Gefühl ersetzen, gemeinsam um drei Uhr morgens auf einer völlig leeren Station zu stehen, müde, überdreht, aber vereint. Am Ende geht jeder erschöpft nach Hause, aber mit dem sicheren Gefühl: Diese Kollegen verstehen dich ohne Worte. Und genau das rettet dich in Nächten, die sonst endlos erscheinen würden.

DIE MIKROWELLEN-LOTTERIE

Essen im Nachtdienst bedeutet fast immer: Mikrowelle. Doch dieses Gerät ist keine Maschine, sondern eine Diva mit wechselnder Laune. Mal wird dein Brötchen nur lauwarm, mal ist die Suppe außen kochend heiß und innen eiskalt. Besonders schön ist es, wenn du voller Vorfreude die Tür öffnest – und dir ein explodiertes Nudelgericht entgegenschaut, das den Aufenthaltsraum für Stunden aromatisiert. Jeder tut dann so, als habe er nichts bemerkt, bis einer vorsichtig fragt, ob man vielleicht „mal wieder sauber machen sollte".

Manche Kollegen entwickeln Strategien, zählen Sekunden, schwören auf halbe Leistung, doch egal wie sehr man plant – am Ende entscheidet die Mikrowelle allein. Sie ist weniger Küchengerät als Glücksspielautomat. Manchmal gewinnst du ein essbares Mahl, manchmal verlierst du alles. Und trotzdem kehrst du zurück, Nacht für Nacht, weil Hunger stärker ist als Vernunft. Am Ende sitzt du vor dem surrenden Gerät, hoffst auf Gnade und weißt: Diese Lotterie hat mehr Spannung als jede Fernsehsendung.

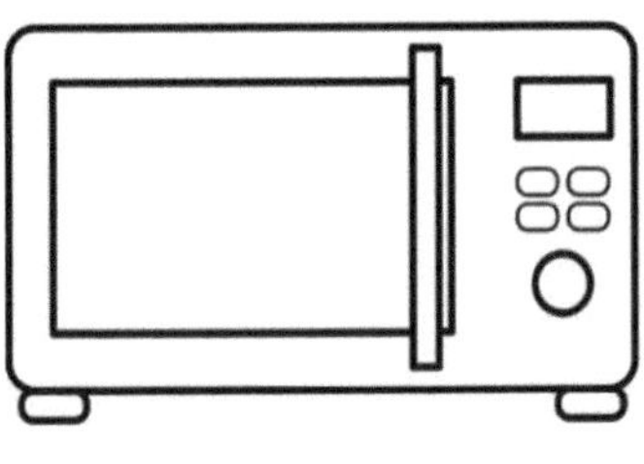

DIE MITTERNACHTS-PARTY

Es klingt verrückt, aber manchmal fühlt sich eine Nachtschicht an wie eine improvisierte Party. Müdigkeit und Koffein erzeugen eine seltsame Mischung aus Euphorie und Wahnsinn. Plötzlich lacht man Tränen über einen Witz, den tagsüber niemand verstanden hätte, oder feiert ein belegtes Brötchen, als wäre es ein Fünf-Sterne-Menü. Musik läuft leise aus einem Handy, jemand tanzt kurz im Flur, und für einen Moment vergisst man, dass man eigentlich mitten in einem Krankenhaus arbeitet.

Besonders magisch wird es, wenn mehrere Kollegen gleichzeitig in diesem Zustand sind und sich gegenseitig hochschaukeln. Dann wird ein piepender Monitor zum Beat, eine Infusionsstange zum Mikrofonständer, und aus dem Aufenthaltsraum wird ein improvisierter Club. Patienten schauen irritiert, weil sie nicht verstehen, warum um drei Uhr morgens plötzlich so viel Freude herrscht. Natürlich kippt die Stimmung sofort, wenn ein Notfall reinkommt, aber genau diese Kontraste machen Nachtschichten so surreal. Am Ende bleibt die Erkenntnis: Manche Nächte sind grauenvoll, andere werden zu unvergesslichen Mitternachtspartys.

DIE KAFFEE-MEDITATION

Irgendwann in der Nacht kommt dieser seltene Moment: Alles ist ruhig, das Chaos legt eine kurze Pause ein, und du sitzt mit deinem Becher Kaffee in der Hand. Der erste Schluck fühlt sich an wie ein Gebet – warm, bitter, beruhigend. Du atmest tief durch, hörst nur das Summen der Geräte und denkst: Jetzt gerade überlebe ich. Es ist kein Feierabend, kein Luxus, sondern ein kleiner Frieden mitten im Sturm. Kollegen nicken dir wissend zu, jeder kennt diesen Augenblick.

Besonders schön ist es, wenn wirklich niemand stört: kein Klingeln, kein Telefon, keine Stimme. Nur du und dein Kaffee. Für ein paar Sekunden scheint die Welt stehen zu bleiben, alles ist leicht, beinahe friedlich. Danach kannst du wieder rennen, dokumentieren, trösten. Doch dieser Moment bleibt hängen, wie ein kleiner Anker. Am Ende weißt du: Glück im Nachtdienst bedeutet nicht Schlaf, sondern dieser stille Schluck Kaffee, der dich zehn Minuten glauben lässt, dass alles in Ordnung ist.

DER KLINGEL-MARATHON UM MITTERNACHT

Nachts, wenn die Station eigentlich ruhiger wirken sollte, beginnt oft das große Konzert der Patientenklingeln. Kaum hast du dich hingesetzt, schrillt es von Zimmer drei. Du gehst hin, regelst alles, kommst zurück – da klingelt Zimmer sieben. Sekunden später meldet sich Zimmer zehn, gefolgt von einem Dauerläuten aus Zimmer zwölf. Es ist, als hätten sich alle Patienten im Geheimen abgesprochen, um punkt Mitternacht ein kollektives Orchester zu starten. Besonders schön ist es, wenn du gerade in einem Zimmer fertig bist und im Hintergrund schon drei weitere Signale ertönen.

Dann sprintest du durch den Flur, atmest schwer, versuchst freundlich zu bleiben, obwohl dein Kopf längst dröhnt. Kollegen rufen dir halbe Sätze zu, Patienten erklären parallel ihre Wünsche, und du spürst, wie deine Schritte schneller werden, obwohl die Nacht gefühlt nie vergeht. Nach zwanzig Minuten kehrst du ins Schwesternzimmer zurück, hörst das Klingeln noch wie ein Echo in deinen Ohren, und denkst dir: Der eigentliche Endgegner im Krankenhaus ist kein Arzt, kein Formular – es sind diese verdammten Klingeln, die niemals schlafen.

77

DAS TUPPERDOSEN-MYSTERIUM

Der Stationskühlschrank ist kein Kühlgerät, er ist ein Paralleluniversum. Kaum stellst du deine frisch vorbereitete Mahlzeit hinein, beginnt das große Rätselraten. Stunden später ist die Dose entweder spurlos verschwunden oder wurde so weit nach hinten geschoben, dass sie nur noch mit Taschenlampe erreichbar ist. Stattdessen findest du uralte Reste, die schon ein Eigenleben entwickelt haben: Nudeln mit pelziger Patina, mysteriöse Soßen in undefinierbaren Farben oder Joghurtbecher, die längst abgelaufen sind. Besonders schön ist es, wenn jemand „nur mal probiert" und deine Mahlzeit für eine öffentliche Spende hält.

Diskussionen darüber enden meistens in betretenem Schweigen, während jeder so tut, als sei er unschuldig. Manche Kolleginnen kleben Namensschilder oder Drohungen auf ihre Dosen, doch auch das schreckt niemanden wirklich ab. Am Ende weißt du: Der Stationskühlschrank ist kein Ort zur Aufbewahrung, sondern ein schwarzes Loch, das Mahlzeiten verschluckt und dafür dubiose Funde wieder ausspuckt. Die Erkenntnis: Wer sein Essen behalten will, muss es besser bewachen als die Notfallmedikamente – oder gleich im Kittel verstecken.

DIE GERÄUSCHKULISSE IM MONDSCHEIN

Nachts sollte eigentlich Ruhe herrschen, doch die Station kennt diesen Begriff nicht. Heizungen knacken im Rhythmus, Türen quietschen bei jedem Luftzug, und Betten rollen über den Flur, als würden sie an einem unsichtbaren Rennen teilnehmen. Dazu tropft ein Wasserhahn, Monitore geben unaufhörlich Signaltöne von sich, und irgendwo summt ein Kühlschrank wie ein schnarchendes Haustier. Besonders skurril ist es, wenn plötzlich ein Alarm losgeht, den niemand zuordnen kann. Du folgst dem Geräusch durch dunkle Flure, biegst ab, horchst, rennst weiter, wie ein Detektiv in einem Hörspiel. Schließlich findest du ein Gerät, das nicht einmal angeschlossen ist – und trotzdem piept.

Kollegen zucken die Schultern, Patienten beschweren sich, und das Geräusch wird zum nächtlichen Mitbewohner, der einfach nicht verschwinden will. Nach einer Weile nimmst du es gar nicht mehr bewusst wahr, doch unterschwellig hämmert es in deinem Kopf weiter, bis selbst nach Feierabend noch ein Phantom-Piepen in deinen Ohren hängt. Die Erkenntnis: Ein Krankenhaus schläft nie. Es lebt, brummt, piept, quietscht und ächzt durch die Nacht – wie ein eigener, leicht verrückter Organismus, der dich wachhält, ob du willst oder nicht.

DER BESUCHS-GEIST

Eigentlich sollten Nächte ruhig sein, doch manchmal tauchen Angehörige zu Uhrzeiten auf, die niemand nachvollziehen kann. Plötzlich steht jemand im Flur, leicht verwirrt, mit Blumenstrauß oder Tasche in der Hand, überzeugt, dass genau jetzt der richtige Moment für einen Besuch sei. Du erklärst freundlich, dass Besuchszeiten nicht zufällig existieren, doch der Gast bleibt hartnäckig: „Ich wollte nur mal nachsehen, ob alles in Ordnung ist." Natürlich bedeutet das für dich Diskussionen, Telefonate und zusätzlichen Papierkram. Besonders bizarr ist es, wenn selbst der Patient irritiert schaut und sagt: „Aber der hätte doch morgen kommen können."

Währenddessen versuchst du, den Gast aus dem Zimmer zu komplimentieren, ohne ihn vor den Kopf zu stoßen. Am Ende verschwindet der nächtliche Besucher wieder, hinterlässt aber Chaos, genervte Kollegen und das sichere Gefühl, dass gleich die nächste Überraschung lauert. Manchmal fragst du dich ernsthaft, ob Menschen nachts einen Drang verspüren, Krankenhäuser wie Geisterhäuser zu behandeln. Die Erkenntnis: Nicht alle Störungen kommen von Patienten oder Geräten – manchmal sind es die Angehörigen, die den wahren Spuk in die Nacht tragen.

80

DAS LICHTSPIEL

Nachts bekommt Licht auf der Station eine ganz eigene Bedeutung. Jeder Handgriff wird begleitet von Neonröhren, die entweder gnadenlos grell blenden oder flackern, als wärst du in einem Horrorfilm. Besonders schlimm ist es, wenn du versuchst, leise ein Zimmer zu betreten, und das grelle Deckenlicht den Raum sofort in taghelles Scheinwerferlicht taucht. Patienten blinzeln verschreckt, Kollegen fluchen, und du fühlst dich, als würdest du mitten auf einer Theaterbühne auftreten. Manche retten sich mit kleinen Taschenlampen, andere wagen lieber riskante Wege im Halbdunkel, stolpern über Kabel und hoffen, dass es keiner sieht.

Am absurdesten ist es, wenn eine Röhre rhythmisch flackert und dabei summt, sodass der ganze Raum wirkt wie eine Szene aus einem schlechten Thriller. Am Ende der Schicht bist du von diesem künstlichen Licht so erschöpft, dass du draußen im Morgengrauen beinahe geblendet wirst. Die Erkenntnis: Nachtschichten sind nicht nur Kampf gegen Müdigkeit, sondern auch tägliches Ringen mit der Tücke der Beleuchtung.

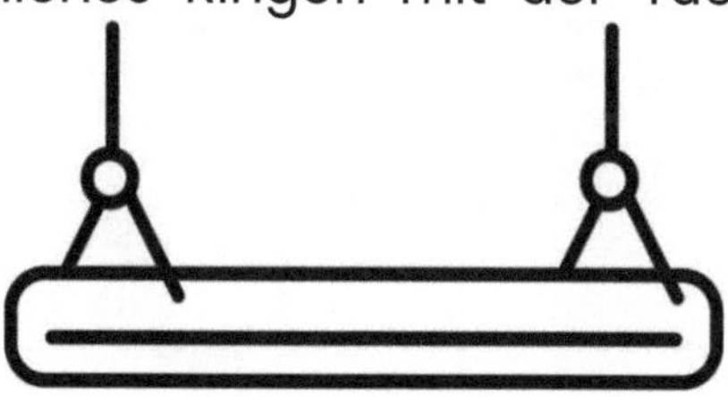

DAS GROSSE CHAOS IM KLEINEN ALLTAG

Manchmal sind es die Kleinigkeiten, die dich endgültig aus der Fassung bringen: der verschwundene Kugelschreiber, das Dienstplanroulette oder das Konzert aus zwanzig gleichzeitig klingelnden Patientenglocken. Nichts Großes, aber eben genau das, was den Wahnsinn komplett macht. Dieses Kapitel feiert die kleinen Katastrophen, die deinen Job zu einer nie endenden Comedy-Show machen – natürlich mit einer Extraportion schwarzem Humor.

DIE KITTELTASCHEN-HÖLLE

Kitteltaschen sind keine praktischen Aufbewahrungsorte, sie sind schwarze Löcher. Du steckst etwas hinein – Kugelschreiber, Pflaster, Schere, Notizzettel – und sobald du es brauchst, ist es spurlos verschwunden. Stattdessen findest du alles andere: alte Kaugummipapiere, längst vergilbte Notizen oder eine Haarklammer, die dir ganz sicher nicht gehört. Besonders schön ist es, wenn du in aller Hektik nach dem Fieberthermometer kramst und stattdessen ein zerdrücktes Stück Schokolade hervorziehst. Manche Kollegen haben ganze Apotheken in ihren Taschen, inklusive Pflaster, Desinfektion und halber Medikamentenliste, doch keiner findet je das Richtige, wenn's ernst wird.

Am Ende der Schicht entleerst du deine Taschen und staunst, was sich dort alles angesammelt hat: drei leere Stifte, zwei Pflasterreste, ein zerknüllter Handschuh und ein Zettel mit unleserlicher Kritzelei. Kaum sortiert, beginnt am nächsten Tag das Spiel von vorn. Die Erkenntnis: Kitteltaschen sind keine Helfer, sondern Paralleluniversen. Wer etwas hineinsteckt, sollte sich gleich verabschieden – die Chancen stehen fünfzig-fünfzig, ob es jemals wieder ans Tageslicht kommt.

82

DAS URLAUBS-WUNDER

Urlaub im Krankenhaus ist kein Erholungsversprechen, sondern ein Glücksspiel. Du reichst deinen Antrag sorgfältig ein, freundlich, rechtzeitig, alles nach Vorschrift – und wartest wie auf ein Orakel. Wochen später hängt der neue Plan aus, und siehe da: Dein Urlaub ist verschwunden, verschoben oder mitten im Bereitschaftsdienst gelandet. Kollegen strahlen, weil ihre Termine perfekt passen, während du erklärst, dass „Familienfeier" nicht unbedingt mit Nachtschicht kombinierbar ist.

Besonders herrlich ist es, wenn du glaubst, endlich Glück gehabt zu haben – und dann feststellst, dass jemand denselben Zeitraum beansprucht hat. Sofort beginnt das große Feilschen: wer länger vorher beantragt hat, wer dringender wegmuss, wer die überzeugenderen Argumente bringt. Manchmal taucht dein Urlaub wie durch Zauberhand wieder auf, nur an völlig neuen Tagen, von denen du nie etwas wusstest. Andere Male bleibt er einfach verschollen, als hättest du nie einen Zettel abgegeben.

Am Ende fährst du entweder doch oder sitzt zu Hause mit Kaffeetasse und Groll. Die Erkenntnis: Urlaub im Krankenhaus ist kein festes Recht, sondern ein seltenes Wunder – und wer ihn tatsächlich bekommt, sollte am besten sofort eine Dankesrede halten.

DIE HANDSCHUH-ODYSSEE

Handschuhe sind eigentlich Massenware, doch nie da, wo man sie wirklich braucht. Entweder sind die Spender leer, oder es gibt nur Größen, die entweder wie Zelte von den Fingern rutschen oder die Hände so eng abschnüren, dass sie fast blau anlaufen. Besonders schön ist es, wenn du mit nassen Händen dastehst und die Verpackung sich weigert, aufzureißen. Du zerrst, ziehst, kämpfst – und am Ende zerreißt das halbe Päckchen, während die Handschuhe wie Konfetti über den Boden purzeln. Kollegen schwören Stein und Bein, sie hätten „gerade erst nachgefüllt“, doch niemand hat jemals diesen Vorgang live gesehen. Manchmal fragst du dich ernsthaft, ob Handschuhe nachts Beine bekommen und einfach verschwinden.

Schließlich findest du ein Paar, das halbwegs passt – nur um im entscheidenden Moment abzurutschen oder direkt zu reißen. Genau dann steht garantiert ein Arzt neben dir und fragt mit unschuldigem Blick: „Warum dauert das so lange?“ Während du innerlich tobst, versuchst du äußerlich professionell zu bleiben. Doch die Wahrheit ist: Handschuhe sind weniger Hilfsmittel als tägliche Geduldsprobe. Wer ein perfekt sitzendes Paar erwischt, hat nicht einfach Glück, sondern den Jackpot im Stationslotto gezogen.

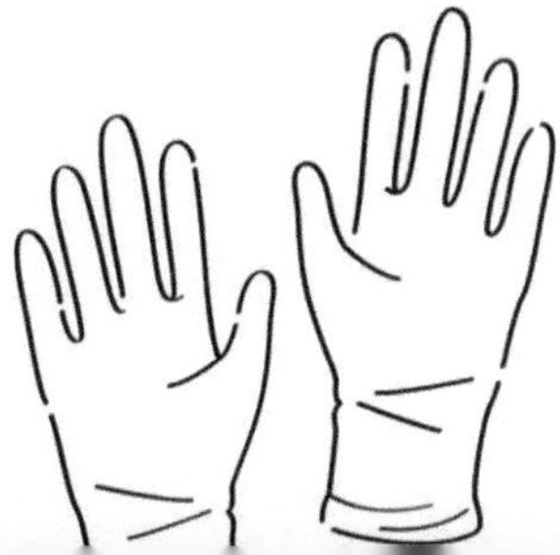

DER AUFRÄUM-MYTHOS

Ordnung im Stationsalltag ist wie ein seltenes Fabelwesen: Jeder schwört, dass es sie geben müsste, aber niemand hat sie je zu Gesicht bekommen. Der Aufenthaltsraum ist das beste Beispiel. Kaum hat jemand demonstrativ aufgeräumt, dauert es keine Stunde, bis der Tisch wieder wie ein Schlachtfeld aussieht: leere Kaffeebecher, halb gegessene Brote, krümelige Teller und Aktenstapel, die gefährlich kippen. Besonders schön ist es, wenn genau der Kollege, der eben noch den dritten Becher in die Ecke gestellt hat, lautstark verkündet: „Hier räumt echt keiner auf!" Und alle nicken pflichtbewusst, als hätten sie damit absolut nichts zu tun.

Manchmal werden groß angelegte Putzaktionen gestartet – mit Schwung, ernsthaften Vorsätzen und dem festen Willen, diesmal alles anders zu machen. Doch spätestens nach zwei Tagen sieht der Raum wieder aus, als sei nie etwas passiert. Niemand erinnert sich, wann er zuletzt Ordnung gemacht haben soll, und jeder behauptet, er sei es ganz bestimmt nicht gewesen. Manchmal fragst du dich, ob nicht ein unsichtbarer Saboteur nachts durchs Haus schleicht und Chaos verteilt. Am Ende bleibt die Erkenntnis: Der Aufräum-Mythos ist kein Zufall, sondern eine gepflegte Tradition. Und solange Kaffee fließt, bleibt auch das Chaos unsterblich.

85

DIE GESTOHLENE SCHOKOLADE

Auf jeder Station gibt es ihn: den geheimen Schokoladenvorrat. Er wird gehütet wie ein heiliger Gral, nur Eingeweihte kennen sein Versteck – und doch verschwindet er zuverlässig genau dann, wenn du ihn am dringendsten brauchst. Eben noch lag die Tafel im Schrank, Sekunden später findest du nur noch die leere Verpackung. Niemand will etwas bemerkt haben, alle blicken unschuldig. Verdächtig sind höchstens die Kollegen mit schokoladenverschmiertem Lächeln, aber Beweise? Fehlanzeige. Besonders bitter ist es, wenn die Schokolade ausgerechnet deine eigene war – mitgebracht als kleine Rettung für zwischendurch.

Manchmal entbrennen Diskussionen über Besitzrechte, manchmal taucht Ersatz auf, aber das Trauma der verschwundenen Schokolade bleibt. Du schwörst dir, beim nächsten Mal ein Versteck zu wählen, das selbst Indiana Jones nicht aufspüren könnte – irgendwo zwischen Aktenordnern, Handschuhkartons oder Desinfektionsmitteln. Doch egal wie sehr du dich bemühst: Schokolade ist auf Station keine harmlose Süßigkeit, sondern die wahre Währung des Überlebens. Und jeder ist bereit, dafür zu kämpfen – ohne Rücksicht auf Verluste, aber immer mit einem leisen Rascheln im Hintergrund.

86

DER ABHANDEN-GEKOMMENE KITTEL

Kittel verschwinden auf mysteriöse Weise. Du hängst ihn ordentlich an die Garderobe, gehst für fünf Minuten weg – und plötzlich ist er verschwunden. Stattdessen hängt dort ein Exemplar, das aussieht, als hätte es drei Jahre Wäscheverweigerung hinter sich. Sofort beginnt die Fahndung: Kollegen schwören, sie hätten nur „kurz" einen genommen, ohne Namen zu lesen. Besonders absurd ist es, wenn du mitten im Dienst plötzlich feststellst, dass du den Kittel eines Kollegen trägst – inklusive seiner Kugelschreiber, Taschentücher und Notizzettel. Manche Stücke tauchen Tage später wieder auf, mit mysteriösen Flecken und einem fremden Geruch. Andere sind für immer verloren, als hätten sie sich in Luft aufgelöst.

Manchmal fragst du dich ernsthaft, ob es im Krankenhaus ein geheimes Bermuda-Dreieck für Kleidung gibt. Die Erkenntnis: Kittel sind keine Arbeitskleidung, sondern Wanderpokale, die ständig den Besitzer wechseln. Wer einen wirklich sein Eigen nennt, hat das Unmögliche geschafft – und sollte ihn zur Sicherheit nachts unter dem Kopfkissen verstecken.

87

DER UNTERSCHRIFTEN-ZIRKUS

Unterschriften sind im Krankenhaus wie seltene Trophäen: Jeder braucht sie, niemand hat Zeit, und am Ende jagst du ihnen den halben Tag hinterher. Du hältst ein Formular in der Hand, auf dem mindestens drei Signaturen gefordert sind – plus eine Gegenzeichnung und ein Datum, das exakt heute sein muss. Natürlich ist die zuständige Ärztin gerade in der Visite, der Oberarzt „nur ganz kurz" im OP, und der Dritte hat sich auf mysteriöse Weise in ein Paralleluniversum verabschiedet, in dem Telefone nicht existieren. Also drehst du deine Runde wie ein Zirkusartist, balancierst Akten, lächelst verbindlich und hoffst, dass irgendjemand einen Stift zückt.

Besonders schön ist es, wenn nach der dritten Unterschrift plötzlich auffällt, dass das Formular in der falschen Farbe ausgefüllt wurde. Einmal neu, bitte. Bis du fertig bist, hat sich der Stapel verdoppelt, und du fühlst dich wie Dompteur in einer Manege aus Paragraphen. Die Erkenntnis: Nicht der Notfall bringt dich ins Schwitzen, sondern die Kür der Bürokratie – und ihre Lieblingsnummer heißt Unterschriften-Zirkus.

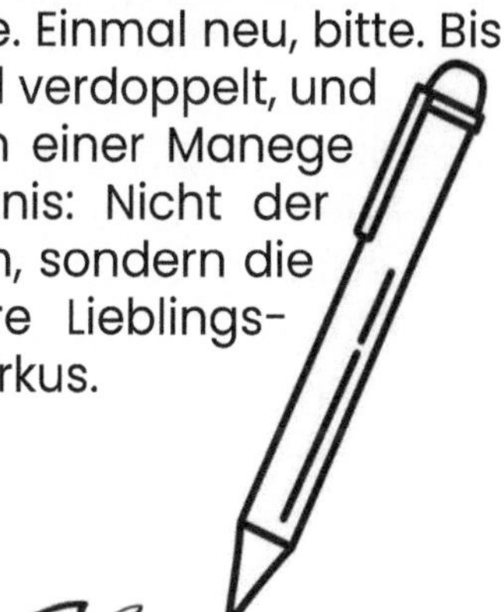

DER KALENDER-WAHNSINN

Dienstkalender sind eine eigene Spezies. Jeder trägt irgendetwas ein: Geburtstage, Urlaube, Fortbildungen, Schichten. Doch niemand blickt wirklich durch. Besonders verwirrend ist es, wenn drei Versionen gleichzeitig existieren – eine an der Pinnwand, eine digital und eine handschriftlich im Notizbuch einer Kollegin. Natürlich stimmen sie nie überein. Du freust dich über einen freien Tag, nur um später zu erfahren, dass du eigentlich Dienst hast. Diskussionen darüber fressen mehr Energie als eine ganze Schicht. Manche schwören auf Farbcodes, andere auf Symbole, doch am Ende bleibt alles ein Chaos aus Zahlen und Buchstaben.

Besonders perfide: Der Kalender wirkt immer so endgültig, bis jemand heimlich einen spontanen Tausch einträgt, den keiner bemerkt. Dann bricht das große Durcheinander aus, und alle starren ratlos auf dieselbe Tafel. Am Ende fragst du dich, ob der Kalender nicht heimlich ein lebendiges Wesen ist, das sich ständig verändert, nur um euch zu ärgern. Die Erkenntnis: Planung im Krankenhaus ist wie Kartenlegen – hübsch anzusehen, aber niemals verlässlich.

DIE THERMOBECHER-INVASION

Thermobecher sind auf Station allgegenwärtig. Jeder Kollege besitzt mindestens einen, manche gleich drei, und sie stehen überall herum: auf Tischen, Fensterbänken, Computertürmen. Natürlich weiß niemand mehr, wem welcher gehört. Besonders unangenehm ist es, wenn du aus Versehen am falschen Becher nippst und plötzlich Vanille-Latte statt schwarzem Kaffee erwischst. Diskussionen über Eigentum führen zu nichts, am Ende nimmt sich jeder einfach irgendeinen. Manche Becher stehen tagelang herum, gefüllt mit Resten, die sich langsam in biologisch bedenkliche Kulturen verwandeln. Andere verschwinden spurlos und tauchen Wochen später in der Umkleide wieder auf, als sei nichts gewesen.

Besonders schön ist es, wenn ein Kollege seinen Becher so vergöttert, dass er ihn behandelt wie ein Haustier, inklusive Namensschild. Am Ende fragst du dich, ob Thermobecher nicht längst eine eigene Religion sind. Die Erkenntnis: Sie sind keine Tassen, sie sind Lebenspartner – und wer seinen verliert, stürzt in eine existenzielle Krise, die schlimmer sein kann als jede Nachtschicht.

90

DAS PASSWORT-DESASTER

Computer sollen die Arbeit erleichtern, doch im Krankenhaus wird jedes Login zur Geduldsprobe. Dein Passwort funktioniert nie beim ersten Versuch. Nachts sitzt du da, tippst dreimal falsch, wirst gesperrt und musst die IT anrufen – die natürlich nicht erreichbar ist. Besonders nervig: Die Passwörter ändern sich ständig, und niemand kann sich diese kryptischen Kombinationen merken. Manche Kollegen haben kleine Zettel mit geheimen Codes, die aussehen wie Atomstartsequenzen. Natürlich verschwinden sie genau dann, wenn man sie dringend braucht. Also versuchst du, alle Varianten im Kopf durchzuspielen, bis irgendwann zufällig eine funktioniert.

Währenddessen steht garantiert ein Arzt hinter dir, tippt mit den Fingern auf den Tisch und fragt ungeduldig, ob das Ganze heute noch klappt. Du lächelst gequält, während der Schweiß läuft, und das System wirft dir fröhlich neue Fehlermeldungen entgegen. Besonders bitter: Kaum hast du dich endlich eingeloggt, erinnert dich das Programm daran, dein Passwort sofort zu ändern. Am Ende weißt du: Passwörter sind keine Sicherheitsmaßnahme, sondern hochentwickelte Folterinstrumente mit eingebauter Nervenzerstörung – und der wahre Grund, warum Kaffee niemals reicht.

91

DER UNBEZWINGBARE KABELSALAT

Nirgends zeigt sich das Chaos so zuverlässig wie bei den Kabeln. Infusionspumpen, Monitore, Ladegeräte, Laptop-Netzteile – alles wickelt sich ineinander wie ein Liebesknoten, nur ohne Romantik. Du ziehst vorsichtig an einem Kabel, in der Hoffnung, es löst sich, doch sofort bewegt sich ein anderes mit. Nach wenigen Sekunden stehst du vor einem Technikberg, der dich höhnisch aus Kabelschlingen angrinst. Besonders schön ist es, wenn ein Arzt genau in diesem Moment dringend ein Gerät braucht, während du kniest und mit dem Kabelmonster ringst.

Kollegen geben überflüssige Tipps: „Zieh mal da!“, „Das muss man nur drehen!“ – und am Ende ist es schlimmer als vorher. Nach zehn Minuten schwitzen, entwirren, fluchen triumphierst du endlich, entknotest das Chaos, nur damit sich alles fünf Minuten später wieder verheddert. Manchmal fragst du dich, ob die Kabel nachts heimlich lebendig werden und absichtlich neue Knoten schlagen. Die Erkenntnis: Kabel sind keine Hilfsmittel, sondern listige Wesen mit eigenem Willen. Ihr einziger Lebenszweck ist es, dich genau dann in den Wahnsinn zu treiben, wenn du am wenigsten Zeit dafür hast.

DER STUHLKRIEG

Auf jeder Station gibt es weniger Stühle als Menschen – und das führt regelmäßig zu kleinen Machtkämpfen. Kaum setzt du dich für eine Sekunde hin, kommt ein Kollege, schnappt sich deinen Platz und sagt mit unschuldigem Lächeln: „Ich brauch den nur kurz." Besonders schlimm ist es bei Übergaben, wenn zehn Leute gleichzeitig im Raum stehen, aber nur vier Stühle verfügbar sind. Dann beginnt das große Musical aus Hin- und Herrücken, Sitzen, Stehen und wieder Aufstehen. Manche markieren ihre Stühle mit Jacken, Taschen oder sogar Namensschildern, doch nichts ist sicher. Ein Moment der Unaufmerksamkeit reicht, und dein Platz ist weg.

Am Ende sitzt du auf der Fensterbank, balancierst auf einem wackeligen Hocker oder stehst stundenlang im Türrahmen, während andere es sich bequem machen. Besonders herrlich ist es, wenn die Ärztin hereinkommt, sich ohne Diskussion setzt und alle schweigend Platz machen. Die Erkenntnis: Stühle sind im Krankenhaus keine Möbel, sondern Machtinstrumente. Wer einen ergattert, regiert für diesen Moment über die gesamte Station.

93

DER AUFZUG-ALBTRAUM

Aufzüge im Krankenhaus haben ihren ganz eigenen Kopf. Wenn du es eilig hast, dauert es garantiert ewig, bis einer kommt. Schließlich öffnet sich die Tür, und der Aufzug ist voll bis obenhin. Patienten, Besucher, Betten – alles blockiert. Du drückst hektisch auf die Knöpfe, doch der Aufzug fährt lieber in alle Richtungen, nur nicht dahin, wo du eigentlich hinwillst. Besonders bitter ist es, wenn du mit einem Notfall wartest, während der Aufzug gemächlich Zwischenstopps einlegt, um Leute zur Cafeteria zu bringen.

Nach Minuten des Fluchens quetschst du dich hinein, eingeklemmt zwischen Rollstuhl, Blumenstrauß und genervten Besuchern. Kaum fährst du los, hält der Aufzug wieder an, weil jemand „nur mal schnell" ins Erdgeschoss möchte. Am Ende steigst du völlig genervt aus, viel zu spät, und denkst: Treppen wären schneller gewesen – wenn du nicht gerade in den achten Stock gemusst hättest. Die Erkenntnis: Aufzüge sind im Krankenhaus keine Technik, sie sind Folterinstrumente mit Türen.

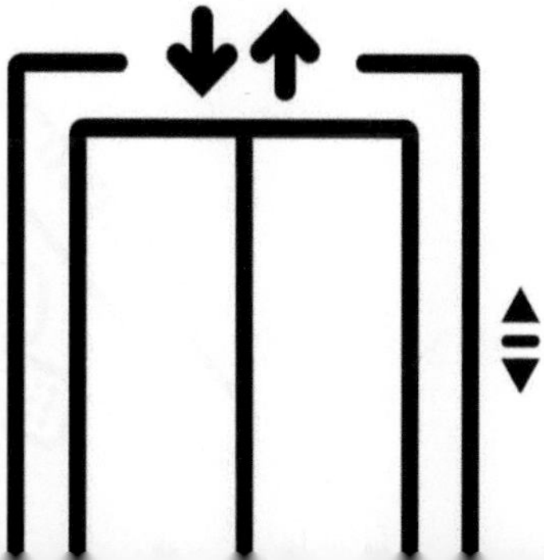

DIE MATERIAL-SCHLACHT

Auf Station fehlt immer genau das, was du im Moment brauchst. Mullbinden, Pflaster, Kanülen – alles angeblich bestellt, alles angeblich aufgefüllt, aber wenn du hingreifst, ist das Fach leer. Sofort beginnt die große Materialschlacht: Kollegen durchkämmen hektisch Schränke, wühlen in Kisten und schreien quer durch den Flur: „Hat jemand noch ...?" Besonders schön ist es, wenn drei Leute gleichzeitig suchen und sich gegenseitig im Weg stehen. Natürlich gibt es dann immer jemanden, der behauptet, er habe „gestern noch alles gesehen". Am Ende findest du das Gesuchte irgendwo in einer völlig falschen Schublade, zwischen Handschuhen und Desinfektion, während du schon halb verzweifelt bist.

Besonders gemein ist es, wenn das Material gerade jetzt dringend für einen Patienten gebraucht wird und der Stress sich verdoppelt. Am Ende bleibt die Erkenntnis: Materialschränke sind keine Ordnungssysteme, sondern Kriegsschauplätze. Wer hier das Richtige findet, hat Glück – oder einen sechsten Sinn für Chaos.

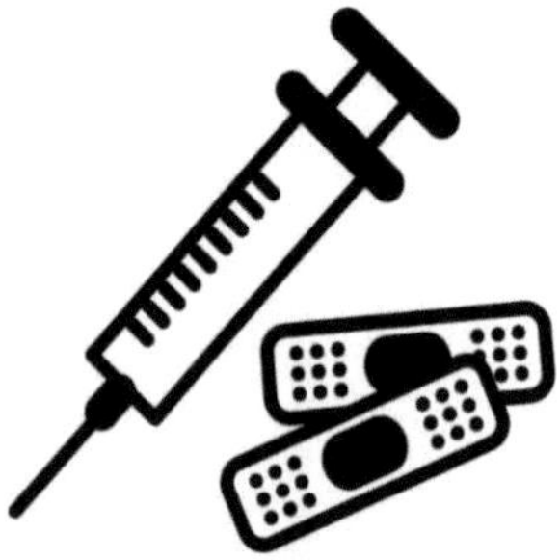

95

DER DESINFEKTIONS-MITTEL-SCHOCK

Desinfektionsmittelspender hängen überall, zumindest theoretisch. Praktisch sind sie immer genau dann leer, wenn du sie dringend brauchst. Du drückst, pumpst, klopfst – nichts. Erst dann merkst du, dass das kleine Sichtfenster längst glasklar ist. Also beginnt die große Pilgerreise: Flur hoch, Flur runter, vielleicht ist der nächste Spender noch gefüllt. Besonders herrlich ist es, wenn du in diesem Moment auf einen Arzt triffst, der dich kritisch beäugt, während du verzweifelt weiterpumpst, als könntest du die Flüssigkeit mit Willenskraft herbeizaubern.

Schließlich findest du irgendwo eine halbvolle Flasche, die plötzlich wirkt wie ein Schatz aus Gold. Du benutzt sie vorsichtig, fast ehrfürchtig, nur um Minuten später festzustellen, dass auch dieser letzte Rest schon aufgebraucht ist. Dann folgt der heimliche Wettkampf: Wer ergattert den allerletzten Tropfen? Besonders bitter ist es, wenn ein Kollege seelenruhig seine private Reserve aus der Kitteltasche zieht, während du noch suchst. Am Ende weißt du: Desinfektionsmittel sind wie Sommerregen – offiziell allgegenwärtig, in Wahrheit aber genau dann verschwunden, wenn du sie am nötigsten hast. Und jeder Tropfen wird zur Währung im Stationsalltag.

96

DER STIFTEDIEBSTAHL IM GROSSFORMAT

Es gibt Dinge, die verschwinden auf Station schneller als jede Hoffnung auf einen ruhigen Dienst – Stifte. Nicht nur Kugelschreiber, auch Marker, Textliner und gleich ganze Packungen lösen sich scheinbar in Luft auf. Du legst sie ordentlich ins Schwesternzimmer, gehst kurz zu einem Patienten, und wenn du zurückkommst, sind sie weg. Kollegen schauen unschuldig, schwören, nichts genommen zu haben, während sie mit exakt deinem Lieblingsstift in der Hand die Doku schreiben. Besonders bitter ist es, wenn du die Dinger selbst gekauft hast, extra in schönen Farben, und nach einer Woche nichts übrigbleibt außer der leeren Verpackung.

Manche versuchen es mit Namensschild, Aufkleber oder Klebeband, doch auch das schützt nicht. Stifte wandern von Kittel zu Kittel, von Schublade zu Schublade, als hätten sie einen eingebauten Fluchtreflex. Am Ende findest du sie vielleicht in der Wäsche, im Stationswagen oder in der Hosentasche eines Arztes. Die Erkenntnis: Stifte sind keine Schreibgeräte, sondern wertvolle Handelsware. Wer einen funktionierenden Kugelschreiber besitzt, hat im Stationsalltag mehr Macht als jeder Chefarzt.

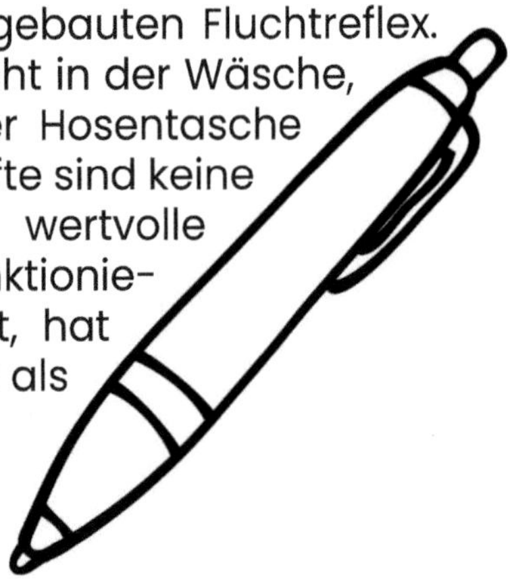

97

DAS TELEFONKLINGEL-DAUERFEUER

Das Stationstelefon hat ein ganz besonderes Talent: Sie klingeln nie einzeln, sondern immer gleichzeitig. Kaum gehst du ran, startet das zweite, dann das dritte. Einer will ein Arztgespräch, der nächste fragt nach Besuchszeiten, der dritte möchte sich beschweren, dass er niemanden erreicht. Besonders schlimm ist es, wenn du mitten in einer wichtigen Aufgabe steckst und der Hörer einfach nicht still sein will. Du jonglierst mit Notizen, versuchst freundlich zu bleiben, während im Hintergrund schon wieder ein weiteres Telefon loslegt.

Kollegen geben das Gespräch gern an dich weiter mit dem Satz: „Ist für die Pflege." Als ob das irgendeinen Unterschied machen würde. Manche Gespräche sind wichtig, andere völlig absurd, aber du kannst es nicht aussortieren. Nach einer halben Stunde am Stück fühlst du dich nicht mehr wie Pflegekraft, sondern wie Callcenter-Agent. Am Ende bleibt die Erkenntnis: Telefone sind keine Kommunikationsmittel, sondern Folterinstrumente mit Klingelton – und egal, wie viele du abarbeitest, es klingelt immer weiter.

DIE ZETTEL-WIRTSCHAFT

Papier gibt es auf Station in unendlichen Mengen, und doch fehlt immer genau der eine Zettel, den du dringend brauchst. Überall stapeln sich Anordnungen, Notizen, Protokolle, Listen, Übergabezettel und kleine Schmierereien. Manche verschwinden spurlos, andere tauchen Monate später wieder auf, bekritzelt mit Kritzeleien, Kaffeeflecken oder kryptischen Kürzeln, die niemand mehr versteht. Besonders schön ist es, wenn du eine wichtige Info suchst und stattdessen eine alte Einkaufsliste findest, auf der jemand „Milch, Chips, Wein" notiert hat. Der Schreibtisch gleicht irgendwann einem archäologischen Fundort: Schichten aus Papier, übereinandergelegt, wie Sedimente der letzten Jahre.

Manchmal liest du Zettel, die nicht einmal ihr Verfasser mehr entziffern könnte. Und doch stapelst du brav weiter, in dem Wissen, dass 90 Prozent davon nie wieder jemand ansehen wird. Besonders absurd ist es, wenn du doppelt dokumentierst, weil die erste Notiz nicht auffindbar war – und beide am Ende im selben Stapel landen. Die Erkenntnis: Zettel sind nicht da, um Ordnung zu schaffen, sondern um Chaos einen offiziellen Anstrich zu geben. Wer tatsächlich den richtigen Zettel rechtzeitig findet, hat schlicht Glück im Papierlotto.

DIE EWIGE TEMPERATUR-DISKUSSION

Kaum ein Thema sorgt für so viele unlösbare Debatten wie die richtige Raumtemperatur. Dem einen ist es zu kalt, der anderen zu warm, der nächste will frische Luft, während ein weiterer sofort über Zugluft klagt. Besonders absurd wird es, wenn mitten im Winter die Fenster sperrangelweit offenstehen, während du im Kittel frierst, als wärst du in der Arktis gelandet. Im Sommer hingegen klebst du regelrecht auf deinem Stuhl fest, weil niemand die Klimaanlage bedienen kann oder will. Ständig wird aufgedreht, zugedreht, gelüftet, geschlossen – und nichts passt jemals allen. Besonders schön ist es, wenn Patienten sich beschweren, während das Team im Schwesternzimmer gleichzeitig hitzig diskutiert.

Manche holen sich Decken, andere laufen im T-Shirt herum, und alle sind gleichermaßen unzufrieden. Am Ende resignierst du, ziehst dich an wie eine Zwiebel und hoffst, dass du die Schicht irgendwie überstehst. Die Erkenntnis: Temperatur im Krankenhaus ist kein physikalischer Wert, sondern ein endloser Kleinkrieg. Gewinnen kann man ihn nicht, man kann ihn nur ertragen.

100

DER CHAOS-ABSCHLUSS

Jede Schicht endet mit demselben Gefühl: Chaos pur. Egal, wie sehr du dich bemüht hast – irgendetwas bleibt garantiert liegen. Medikamente nicht aufgefüllt, Mappen nicht sortiert, Telefone nicht beantwortet. Du rennst, hetzt, versuchst noch schnell Ordnung zu schaffen, während die Uhr gnadenlos Richtung Feierabend tickt. Kollegen aus dem nächsten Dienst betreten die Station, schauen dich an, als hättest du die ganze Nacht nur Däumchen gedreht und absichtlich im Sturm alles stehen lassen. Besonders frustrierend ist es, wenn du dir vornimmst, es beim nächsten Mal besser zu machen – und genau weißt, dass es wieder genauso enden wird. Chaos ist kein Unfall, es ist der Normalzustand.

Am Ende stehst du müde im Flur, atmest tief durch und denkst dir: Wenigstens habe ich es überlebt. Die Erkenntnis: Ordnung im Krankenhaus ist wie ein Einhorn – man spricht gern davon, aber wirklich gesehen hat es noch niemand. Und genau deshalb passt Chaos so perfekt zu jeder Übergabe.

101

DER LETZTE NERV UND WARUM ER BLEIBT

Am Ende jeder Schicht, jedes Dienstplans, jeder absurden Situation bleibt dir immer dasselbe Gefühl: Dein letzter Nerv hat überlebt. Du wurdest von Patienten zehnmal gerufen, hast mit Ärzten über unlesbare Handschriften gestritten, Kollegen beim Stuhldiebstahl ertappt, dir kalten Kaffee schöngetrunken und Kabelmonster bekämpft – und trotzdem stehst du noch da. Verbeult, übermüdet, leicht verwirrt, aber da. Die Wahrheit ist: Chaos, Lärm, Bürokratie und Nachtschichten machen dich nicht fertig, sie machen dich nur schlagfertiger.

Du lachst an Stellen, an denen andere längst heulen würden, und findest mitten im größten Stress noch den Humor, der dich rettet. Ja, es ist manchmal absurd, manchmal zum Verzweifeln, manchmal zum Davonlaufen. Aber genau dieses Durcheinander sorgt dafür, dass Pflegekräfte nicht nur arbeiten, sondern überleben – mit Galgenhumor und einer Extraportion Sarkasmus. Die Erkenntnis: Dein letzter Nerv bleibt immer, egal wie sehr er strapaziert wird. Und genau deshalb kannst du dir sicher sein: Den Hals umdrehen wirst du niemandem – höchstens noch einer Druckerpatrone oder einem piependen Monitor.

UND JETZT?

Wenn du es bis hierhin geschafft hast, ohne jemandem den Hals umzudrehen, darfst du dir offiziell den goldenen Pflasterorden für Nerven aus Stahl verleihen. Natürlich ist dieses Buch nicht ganz ernst gemeint – aber genau darin liegt der Punkt: Denn auch wenn die Szenen überzeichnet sind, wirst du dich vermutlich erschreckend oft darin wiedererkannt haben. Zwischen kaltem Kaffee, klingelnden Patienten und dem Dienstplan aus der Hölle braucht es eben eine gute Portion Humor, um den Wahnsinn auszuhalten.

Dieses Buch will keine Lösungen bieten, keine Ratschläge und schon gar keine perfekte Welt vorgaukeln. Es ist vielmehr eine Sammlung gemeinsamer Momente, ein kollektives Augenrollen und ein Beweis dafür, dass du nicht allein bist mit all dem Irrsinn. Vielleicht hast du beim Lesen genickt, geschmunzelt oder laut gelacht – und genau das ist das Ziel.

Am Ende bleibt die Erkenntnis: Der Job wird nicht leichter, die Schichten nicht kürzer und der Kaffee nicht wärmer. Aber solange wir zwischendurch lachen können, ist noch alles im grünen Bereich. Also klapp das Buch zu, atme einmal tief durch – und sei sicher: Morgen klingelt es wieder irgendwo.

Silke Schreiber

Herausgegeben durch: LS Unlimited
Vertreten von: Lars Schröder, Viktoriastraße 54, 59505 Bad Sassendorf

Bei Fragen und Anregungen: info@ls-unlimited.de

Abbildungen im Innenteil: ©canva.com

Dieses Buch wurde in Übereinstimmung mit den GPSR-Richtlinien der EU zur Sicherheit von Produkten erstellt.

Die Verordnung über die allgemeine Produktsicherheit ist der aktualisierte Rahmen der Europäischen Union, um sicherzustellen, dass alle Verbraucherprodukte, einschließlich Bücher, für Verbraucher sicher sind.

Dieses Buch wurde von Libri Plureos GmbH gedruckt. Der Drucker hat Sicherheitszertifikate für die verwendeten Materialien wie Tinte, Papier und Kleber ausgestellt.

Die Produktkennung ist: 9789403831404

Der Autor ist für den Inhalt des Buches verantwortlich und hat das Buch von Bookmundo produzieren lassen.

Sollten Sie Fragen zur Sicherheit des Produkts haben, kontaktieren Sie uns bitte.

Bookmundo
Delftsestraat 33
3013AE Rotterdam
Die Niederlande
info@bookmundo.com